GOWDY

特雷·高迪 著

実瑠茜 譯

Start,

Stay,

決策的藝術

做出好決定的三個關鍵思考
讓你活出不後悔的人生

人生所有重大決策都歸結於三個問題

是否該**開始**、是否該**留下**和是否該**離開**

or
Leave

THE ART OF DECISION MAKING

我要把這本書獻給那些犯罪受害者和他們的家屬，
謝謝他們在生命中最黑暗的時刻選擇信任我。

各界推薦

讀完這本書，讓我對於人生的「大事」，決定要「開始」或「留下」或「離開」有更透徹的體悟與洞察。開始始於「夢想」，留下基於「堅持」，離開在於「無憾」。這三個攸關生命品質的關鍵字，是我對本書的註解。

——**吳家德**（NU PASTA總經理、職場作家）

我們總是聽了太多人的建議，蓋過了自己內心的聲音，然而，一個人終其一生幸福快樂與否只有自己可以定義。我們的決策品質決定了人生品質，美好人生就從良好的決策開始。此書所談的三種主要決策，都是我們一生中最常面對的關鍵決策，若能透過此書學會良好決策方式，必將受用一輩子！

——**愛瑞克**（TMBA 共同創辦人、《內在原力》系列作者）

決策是一門技術，更是一門藝術；不僅憑藉數據和邏輯，也要考慮個人的價值觀、目標、情感、環境與風險等因素。決策也需要勇氣和自信，敢於開始、留下或離開，而不是被動地接受現狀。作為前聯邦檢察官和國會議員，特雷・高迪用他的經歷和智慧，告訴你如何在不同情境下，制定出合適的策略與行動，做出最適合自己的選擇。

——**劉奕酉**（鉑澈行銷顧問策略長）

你有選擇困難症嗎？

身為心理師和職涯諮詢師，個案與我談人生大事，話題繞不開「選擇」。沒有選擇，很痛苦；有選擇，更痛苦。

好想選一條對的路。

當我們告別學校，同時也告別了是非選擇題，人生再也沒有「正確答案」。如果總想選一條「正確」的路，反而容易看到每條路都有些小問題，於是困在原地，猶豫不決、選擇困難。

這本書透過引人入勝的故事，帶我們練習評估、學會決策，用更妥善的決策，活出美好人生。

——**盧美妏**（人生設計心理諮商所 共同創辦人／諮商心理師）

目錄

PART TWO

Stay

留下

PART THREE

leave

離開

前言／

決定與選擇

關於自己的婚禮，我只記得兩件事。我還記得，當時我試圖脫下手上的白手套，以便新娘把戒指套進我的手指——儘管她事前已經告訴我不下千次，她會直接把它戴在我的手套上。（天啊，這樣的舉動讓她感到不悅。）不過，這個糟糕的決定並沒有令我苦惱很久，反倒是婚禮上發生的另一件事使我感受到沉重的壓力，它縈繞在我的心頭數十年，至今仍不時困擾著我。

到了婚禮的尾聲，身受我們喜愛的牧師對大家說：「請容我向各位介紹特雷．高迪夫婦。在未來的某一天，他們將成為州長與州長夫人。」這時二十四歲的我才剛考完律師考試一個星期，甚至還沒找到第一份法律工作。然而，在我們從小參加的這間教會裡、在所有的親朋好友面前，他就此建立對我的遠大期許。我無法想像自己能達成這份期待。我真希望他當時說的是：「泰芮未來將成為州長，而特雷則是她的『第一先生』。」這件事我可以做到。

此後很長一段時間，我都讓別人設定對我的人生期許。也許你會把牧師的這番話視為無傷大雅的玩笑（它確實如此），或是純粹將它當成一個努力的目標。我應該，卻沒有這麼做。在我的人生中，有非常長一段時間，我都讓旁人替我定義何謂「成功」。在那些年裡，我都試圖滿足別人的期待。總是遵循其他人為我規劃的人生道路，這只是其中一個例子而已（它已經是三十年前的事了）。

有些人終其一生都在努力滿足別人的期待，他們一輩子都迫使自己這樣做，我也不例外。正因為如此，我想問你一個問題（我早就該問自己這個問題）：

「你評斷美好人生的標準是什麼？」

有些人認為，人生是由他們的工作（職業生涯）所定義——他們在公司裡晉升至多高的位置，或是他們在工作中有多開心。其他人則會衡量他們和家人與朋友之間的關係。對某些人而言，求知若渴、不斷進修使人生變得富有意義。又或者看看我們的手機相簿吧，它透露出我們重視哪些人事物。

在人生的大多數時候，我都是以工作類型與品質，來衡量自身存在的意義。我堅信，如果我能獲得「這份」工作，或對「這些」職務駕輕就熟，大家就會認定我的人生很「成功」。所以我覺得可以透過工作，向世界證明自己的價值。

當工作、職務與頭銜不符合我或他人的期待時（這種情況經常發生），我還能仰仗各種人際關係。因為有許多朋友都比我有名氣，我可以靠著這些人脈取得成功。不可否認，用這種方式度過人生不太理想，但坦白說，我大半輩子都這樣生活著。

我逐漸了解到，有某種更宏觀的事物將人生的各個層面連結在一起。你承接與沒有承接的工作、你結交的朋友與終止的人際關係、你選擇的學校，還有你從事的嗜好之間，原本就存在著某種關聯。因為你所做出的諸多「決策」，你開始、培養、發展或結束這些關係與活動。

假設你認為自己的人生主要是由職業生涯所定義，請思考一下形塑這條道路的各種決策：你必須決定要投入哪一個領域、在哪裡謀職，以及接受哪一份工作。此外，你也必須決定何時該離職，以及何時該留下來。

假設你認為，是人際關係和友誼造就你的人生，那麼你必須決定是否主動和某個人成為朋友，或者接受對方提出的交友邀請。至於那些我們無法主動選擇的關係（包含父母親、兄弟姊妹或子女），我們則必須決定，在這一生中要與他們多親近。

對於那些認定人生意義取決於自身學養的人而言，他們必須先做出一些決定：在哪裡就學、就讀什麼科系、對課業付出多少努力，以及在受完正規教育之後，還要繼續進修或研讀哪些知識。

這些無形基礎，也就是決定，正是本書所要談論的主題。它們是人生的根基，觸及你生活的每一個層面，並且描繪出你的人生道路。我發現，如果你善於決策，你一定能活出美好的人生。

我不是心理學家，也不是職涯顧問。我不是統計學家，也不是算命師。我唯一的資歷，只有在半百人生裡，所有做過和沒有做過的決定，以及伴隨而來的各種生活。我曾經進行某些極為危險的豪賭，同時也曾經向恐懼屈服。我贏過，也輸過。我在得意中有失、在失意中有所得。我留下了一些遺憾，卻也同時擁有美麗的回憶，還有些時候我很難將兩者區分開來。

在這段過程裡，我發現人生中的重大決策都歸結於三個問題：「我是否該開始」、「我是否該留下」，以及「我是否該離開」。

經驗是很好的老師，但你必須花很長一段時間才能明白某些事。噢，若是能回到年輕時，運用我現在具備的所有知識與智慧重新做出決定，那該有多好！有時候，回顧自己過去走過的彎路，不禁懷疑我是否對這一切有所準備，又或者這些人生決策只是出自於我的直覺反應。究竟是我選擇了自己的人生道路，還是我讓別人（說得更精確一點，是他人對我的期待）替我做出決定？

我從十四歲時就開始工作，每天清晨五點，騎著腳踏車送報紙。如今，在過了大半輩子之後，我則在星期天晚間的電視節目上播報新聞，並主持星期二和星期四的Podcast節目。你可以說，從工作方面來看，我的人生具有某種重複性。（即便晚上七點到室內電視攝影棚工作，都遠比清晨五點就開始在腳踏車上被狗追好得多。）

擔任新聞播報員的我，如何能在播報新聞的同時，覺得這樣的人生充滿意義？在這段過程中，我做了非常多決定。不管是送報童還是新聞播報員，在選擇每一份新工作之前，我都會先選擇要開始、留下或離開，然後再次展開新的循環。

在分送報紙的那段日子裡，我得出這個結論：我不是習慣早起的晨型人，而且我也不太喜歡狗，尤其是那些跑得比腳踏車還快的傢伙。因此，我選擇離開早晨送報的生活，改在下午中學課堂結束後，到本地的一家雜貨店從事裝袋工作，負責幫顧客把他們購買的雜貨搬到車上。我的僱主不允許客人給小費，但還是有一些好心人無視這項「禁令」。於是，我開始注意到「規定」與單純「建議」之間的差異。

我在擔任裝袋人員時意識到，在某種程度上，我們所有人都渴望升遷，或至少被認為有所進步。雖然這已經是四十年前的事，我依舊記得當時的老闆查理．瓊斯告訴我，他將「升」我做收銀員時，我的內心有多自豪。那天，我帶著極其愉悅的心情回家。

就讀大學期間，我在一座菸草倉庫工作。我在這座倉庫裡獲得的人生體會，比在學校教室或國會議事廳還要多。我之所以決定在悶熱、沒有空調的建築裡工作，成天駕駛運輸貨物的堆高機、推動手推車，並不是因為喜歡這樣的工作內容，而是基於很現實的理由——我需要錢。父親不會平白無故給我錢，他告訴我工作的重要性，所以我選擇到這座倉庫工作。但四十年過去，它仍是我最喜歡的工作之一。這份工作讓人整天汗流浹背、忙著弄清楚維珍妮（Virginia Slims）原味和淡菸之間的差別，為什麼會成為我的最愛？因為我很喜歡我的同事，光是這樣就令我感到十分滿足。於是，我選擇留下來，並且重視工作夥伴勝過我的職務內容。

和我後來從事的所有工作相比，這時的我更期待起床上班。直到今天，我還是會不斷思索在那幾年得到的兩項體悟：(1)在人生旅途中，你和哪些人一起旅行，往往比你走什麼樣的路更重要。(2)對很多人來說，為了賺取最低工資，在倉庫內勞動，午休時間只有三十分鐘、沒有醫療保險，不只是「暑期打工」而已。這是他們的正式工作，他們試圖以此履行所有的家庭與社會責任。

讀大學時，基於各種錯誤的理由，我選擇主修歷史。接下來，我進入法學院就讀，因為最初那個欠缺考慮的決定限縮了我的職涯選擇。從法學院畢業後，我曾經擔任兩位法官的書記員：他們其中一位是上訴法官，另一位則是承審法官。在協助這位聯邦承審法官工作期間，我開始對美國的刑事司法體系深深著迷。我先是做了六年的聯邦助理檢察官，然後競選南卡羅來納州的「巡迴法務官」（等同於美國其他州的「地方檢察官」）。

之後，我決定辭去熱愛的檢察官工作，在二〇一一年開始擔任國會議員，後來又決定在二〇一九年離開國會。這兩者都是本書很重要的一部分。是的，那個以送報童身分開啟職業生涯的孩子（他在加油站廁所將報紙一份份捲好時，讀到關於國會的新聞），最後成了某個國會委員會的主席，有時他甚至還會出現在報紙上。結果，登上新聞版面並沒有像這個十四歲男孩想的那麼有成就感。和很多人一樣，我從慘痛的經驗中學到教訓：名聲並非用來衡量成功或重要與否的適當標準。人花費幾十年的時間累積名聲（無論好壞），然後往往又再度回到沒沒無聞的狀態。

正如同你所看到的，我的一生做了許多決定。事後看來，某些決策似乎非比尋常。某些決定受到外部力量的驅使，其他決定則出自於自信。通常要等到年歲漸長、可以用自己的方式定義「成功」與「意義」時，一個人才能自信地做出決策。很多人也許會說，我的某些決定是在走回頭路，甚至是種錯誤，但到頭來，沒有人可以替我定義這些事——對你也是如此。

真正重要的是，我們明白自己的所作所為、為何這樣做，同時在向前邁進的過程中，運用某種方法進行決策時，並賦予它某種意義。我會寫這本書，是希望我做過的這些決定（無論好壞），能在你譜寫人生篇章時有所助益。

你對自己有多了解？想竭盡所能地活出最美好的人生，你就必須充分自我了解，並且擁有足夠的自信、用自我認識來引導自己進行決策。

現在，請思考一下：你想在哪裡落腳？何處是你所期望的目的地？在人生旅途中，你是快速行進，還是忠於自己的選擇？你是否必須留在目前這條路上，然後做些許調整（可能是放慢或加快腳步）？抑或是你必須設法離開、原路折返，或朝截然不同的方向前進？

任何新開始都令人既緊張又興奮。你可能會心存懷疑，甚至還會有人批評或反對你的做法。但在這本書裡，我將提供一些衡量方法，讓你評估何時才是展開新事物（不管那是一份工作或一段關係）的適當時機。如此一來，你就能在充分自信與自我覺察的情況下繼續往前邁進。

二〇二一年夏天，我開始主持一個新的電視節目。這意味著，我必須結束全職律師工作。但這同時也代表，我必須決定這個節目要以什麼模樣呈現：每星期播出一個晚上是否已經足夠，或者播出頻率應該要更高？我是否要複製電視圈既有的成功模式，還是要開闢一條屬於我自己的路？對電視節目而言，何謂「成功」？它是指觀眾數、收視率，我的寫稿品質或來賓的多樣性嗎？嘗試新事物的美好之處在於，這時的你宛如一張白紙。但這個階段不會持續很久，很快地，最初那個選擇開始這一切的決定，就變成了決定留下與否。

「留下」也許少了展開新事物的興奮感，但這往往是最明智的做法。就像起初衡量是否該開始某件事那樣，我們也必須運用許多相同的工具與指標，來評估是否該留下。我和妻子住在同一個城鎮近半個世紀，而且住在同一間房子近二十五年。我們經常爭論這樣的問題：「要不要搬到美國的傳媒中心或大型律師事務所附近？」「要不要搬到海灘附近（儘管我不太喜歡沙灘）？」「我們是要自己修建房子，還是將就於建商原本的規劃？」最後，我們因為「樹」這個理由，決定維持原狀。我岳父去世時，為了紀念他，一位從事園藝造景的朋友在我們的前院種了一棵樹；我的岳母去世時，他也做了同樣的事。當我們的三隻狗離開這個世界時，他也都這麼做。我們選擇留下來的原因，和這間房子本身完全無關，為了保有這些珍貴的回憶，我們捨棄了新事物所帶來的興奮感。

最後，這本書將會探討離開的艱難決定——該怎麼知道，何時是離開某件事或某個人的正確時機。即便我們獲得了極力追求的事物，它們有時不如我們想的那麼美好。有時候，原本看似正確的決定，會隨著人生歲月的遞嬗而產生變化。我希望可以提供你一些方法，讓你充滿自信地離開，而且不留下遺憾。

因著我們做過的各種決定，我們都能在這本書的字裡行間找到共鳴。對於各位決定讀到這裡，我心懷感激。當我們開始閱讀本書，以及做出人生重大決定時，我們都必須誠實地面對自己，同時深入自己的內心。

那我們準備開始了嗎？

PART **ONE**

開始
Start

01

先從結局開始著手

當你考慮要展開某樣新事物時（無論那是一份新工作、一段新關係、一種新嗜好、一項新投資、在不同的城市重新開始，還是開始更認真看待你的健康），不管它是什麼，我都覺得，從結局開始著手是最好的做法。先在心裡清楚描繪出你這一生的最終目的地，使你更能在做決定時做好準備、確保你順利抵達。

撰寫結案陳詞

聯邦級謀殺案是很少見的。大家通常都認為，所謂的「聯邦級犯罪」是指比較嚴重的罪行，他們往往會很驚訝地發現，大部分的謀殺案都不是在聯邦法院，而是在州法院提起公訴，並且由州檢察官進行審理。聯邦司法體系只對特定類型的謀殺案（例如殺害聯邦法官、正在值勤的聯邦執法人員，或聯邦證人）具有管轄權。

在一九九五年以前的二十五年內，南卡羅來納州（以下簡稱南卡州）只有在上州地區發生的一起謀殺案遭到聯邦法院起訴。南卡州是我居住和工作的地方，同時我也在國會中代表南卡州。但第二起很快就發生了。這起案件殺死了為我的案件作證的一名聯邦證人。那時剛滿三十歲的我，還是一位資淺的「聯邦檢察官」。

瑞奇・賽繆爾是一位來自南卡州斯帕坦堡的年輕人，他的犯罪情節相對輕微，但他正試圖改變人生走向。他涉及一起聯邦級毒品案，正等待法院做出裁決。他持有的毒品數量很少，但你很快就會了解到，即便是少量毒品，也可能會對一個人的人生產生重大影響。幸運的是，瑞奇有位深愛他的母親，對他比法院體系還要嚴厲。此外，他也交了一名新女友，在任何時間進入聯邦監獄服刑，對這段感情都不是件好事。瑞奇必須做出選擇——他可以因為販毒，進入聯邦監獄服刑好幾年，或者試著減輕刑期。

聯邦緝毒體系是這樣運作的：即便只是持有少量毒品，也會面臨強制最低刑期。持有五克俗稱「快克古柯鹼」的古柯鹼鹽基者，其最低刑期為五年；持有五十克者，則必須在聯邦監獄服刑十年。瑞奇涉嫌持有一盎司（約二十八克）的古柯鹼鹽基，儘管他已經認罪，並且自負全責，他還是得在聯邦監獄承受五年以上的刑期。由於聯邦監獄不得假釋，他將必須服完大部分刑期。

犯人一旦被逮捕或遭到起訴，他唯一能減刑的方法，就是幫助政府破案，然後在量刑聽證會時，由政府向法院聲請減刑。這意味著，提供情資、供出上游藥頭或販毒集團同夥，以及其他更積極的工作（例如在擔任臥底時進行竊錄與竊聽）。事實上，在協助政府破案時承擔龐大風險的人，往往能獲得大幅減刑，因為以線民身分從事毒品交易，並從事竊錄與竊聽，是非常危險的行為。

我曾經和一些像瑞奇・賽繆爾這樣的年輕人有過許多對話。他們必須做出選擇——入獄服刑，或幫助政府破案，同時被貼上「告密者」的標籤。

我和聯邦警察將瑞奇可以選擇的做法告訴他和他的母親。然後，瑞奇決定協助聯邦執法機關偵辦南卡州某個與佛羅里達州有往來的大型販毒集團。

實際上，瑞奇沒有什麼選擇。對他來說，牢獄生活恐怕會很艱苦，他身材瘦小，而且其中一隻手臂有點畸形，這讓他比較難自我防衛（受刑人在監獄裡往往必須這麼做）。他並不殘暴，他只是另一個因為受到不義之財誘惑而太早輟學的年輕人。我們告訴他，協助調查有一些風險存在，就像醫生在施打流感疫苗或進行某個小手術之前，會先向病人說明潛在風險一樣。是的，人們確實有可能遭遇不幸，但因為機率非常低，他們甚至不會察覺這種可能性，直到憾事真的發生為止。

我們請瑞奇協助查緝湯米・帕貝隆。帕貝隆是上游賣家，販售古柯鹼鹽基的規模勝過像瑞奇・賽繆爾這樣的人。執法人員的計畫是，讓瑞奇擔任臥底線民、向帕貝隆購買古柯鹼鹽基。這種「買就抓」的方式，就是警方俗稱的「釣魚」或「誘捕偵查」。一般來說，線民會佩戴竊聽器、監視器，並且以加註記號的「暗記錢」向販毒嫌疑人購買毒品。雙方透過電話或呼叫器進行交易，過程中的對話也會被錄下來，在交易完成後不久，該名毒販便人贓俱獲。這樣的案例很常見，而且不是特別複雜，因為掌握通聯紀錄、監視錄影畫面與嫌犯動向，在進行逮捕時已經罪證確鑿。

瑞奇依執法人員的指示行事，一切都照計畫進行。在帕貝隆把毒品賣給瑞奇後不久，警方就循線將他逮捕，並起出毒品與那些被標記的贓款。

在被逮捕之後，帕貝隆也和瑞奇．賽繆爾擁有同樣的機會——認罪、接受審判，或是與政府合作，藉此減輕刑期。帕貝隆選擇前者。在審判日到來之前，政府必須先進行所謂的「證據開示」，也就是揭露口供證詞、書面詢問等與被告相關的所有證據。

政府會盡可能對所有線民或汙點證人的身分保密，但無可避免地，他們的姓名會被透露給辯護律師，進而使被告得知這些線民的身分。對警方、檢察官和證人本身而言，揭露證人姓名向來都是一個很緊張的時刻。有些辯護律師會告知客戶證據開示的部分內容，有些律師則會直接將開示文件放在監獄裡、讓客戶自行尋找相關資訊。獄方甚至曾經屢次在其他囚犯的牢房內發現這些文件。關於汙點證人的資訊很快就會傳開。

透露證人姓名這件事不僅令局外人困惑，也使在刑事司法體系裡工作的人感到沮喪（儘管我們都明白為何有其必要）。根據美國憲法，被告有權利與證人「對質」，同時了解檢方掌握，並將在審判庭上提出哪些證據。美國憲法第六修正案載明，在所有的刑事案件中，被告都享有與控方證人直接對質的權利，是謂「對質條款」。就連虐童案裡的孩童都必須出席施虐者的審判庭。這些孩子獨自坐在被陌生大人包圍的證人席上，此時，被告（也就是傷害他們的那個人）就坐在他們的眼前。我們的司法體系對被控犯罪者提供充分的保護，這些保護包括知道哪些證人會做出不利於被告的證詞。

威脅、恐嚇證人是另一項重罪。但有時候，那些涉嫌違法者對這一點並不在乎。

湯米・帕貝隆在證據開示的過程中發現，瑞奇・賽繆爾是他這起案子的線民。他認為，若是沒有瑞奇出庭作證，案情就不會對他不利。為了將瑞奇滅口，帕貝隆和其他販毒集團同夥想出一套計謀。他僱用了一位來自外州的職業殺手。為了取得瑞奇的信任，殺手假扮成街頭傳教士，在瑞奇居住的社區挨家挨戶地「傳遞福音」，這套計畫奏效了。後來瑞奇．賽繆爾的遺體在鄉間的一座小池塘邊被尋獲，頭上有兩處槍傷。他因為協助聯邦執法人員辦案、提供情資，慘遭報復性殺害。他之所以被殺，是因為湯米．帕貝隆試圖湮滅不利於己的證據。少了關鍵證人，罪名就不會成立（至少帕貝隆是這麼想的）。

當我抵達命案現場時，我第一個想到的是瑞奇的母親，以及我們（聯邦警察和檢察官）如何向她保證，假使她的兒子決定協助提供情資，政府一定會竭盡所能地確保他安全無虞。即便我們事前已經說明，可能會發生什麼事，這一切還是令人難以釋懷。沒想到，我們認為極其罕見的事（傷害聯邦證人）真的發生了。瑞奇把自己的生命交給我們，他的母親則把她的兒子交給我們，而我們卻辜負了他們。

瑞奇．賽繆爾這起謀殺案的調查過程既漫長又艱難。當時，優秀的前聯邦檢察官大衛．史蒂芬斯和我一同處理這起案件。當我們剛開始準備工作時，史蒂芬斯就告訴我，後續將由我進行結案陳詞。刑事庭審的每一個環節都不可或缺。但結案陳詞是檢察官向陪審團重申己方論點的最後機會，因此它極為重要。在這之前，我曾經做過一些結案陳詞，但那些案件規模都沒有這麼大。於是，我開始了某種做法，而且此後在偵辦每一起案件時，我都會這樣做——先從結局開始著手。

我會先撰寫結案陳詞，接著再回頭從審判程序的開頭著手。在審判庭上，必須傳喚證人、進行主詰問與交叉詰問，以及提出各種物證與法律論據。我會構思證據的呈現方式，以便獲得我所期望的結局。

結案陳詞不僅是審判程序的最終環節，同時也是最關鍵的一部分。我從最重要的地方開始，並確保其他環節都和它保持一致。

從結局開始著手，對我在這起案件的審判庭上很有幫助（它是我偵辦的第一起謀殺案）。在這之後，我仍繼續沿用這項技巧。最後，在法庭以外的地方，我也奉行這種做法。它變成了我在面臨所有人生重大決策時的思想架構——先從結局開始著手，接著再思考如何抵達目的地。

人生的最後一幕

經常有年輕人拜訪或打電話給我，希望我為剛開啟職業生涯的他們提供建議。我會讓他們先講述自己的狀況。這時，通常會聽到他們的言談中充滿猶豫、焦慮與擔憂。他們不太確定自己想做些什麼（甚至是想成為怎樣的人），但在某個時候，有人告訴他們，他們必須在稚嫩的十七歲就弄清楚人生。於是，他們的壓力開始變大（至少他們心裡是這麼想的）。有時候，這些年輕人憂慮的是賺錢的問題；有時候，他們則擔心，找不到充實的職涯道路。他們多數人都很擔憂，害怕自己會做錯決定（有些人甚至因此裹足不前）。

有一位年輕人曾經來找過我，他已經規劃好自己的人生，但他必須被西點軍校或海軍官校錄取。根據他的說法，倘若無法成為軍校生，他的人生就完蛋了（此時的他才十七歲）。先姑且不論這些學校的競爭有多激烈，以及申請者無法掌控自己是否被錄取。這位年輕人深信，他的夢想與希望完全寄託在這兩所有著嚴格入學標準的軍校上。

當時我的第一個反應是問他，想在哪裡落腳。結果，他希望像我一樣成為國會議員。「誰跟你說，就讀海軍官校或西點軍校，是競選國會議員的必要條件？」我這樣問他：「誰跟你說，從西點軍校或海軍官校畢業，就能保證贏得選舉？就算你從這兩所學校畢業，也順利當選國會議員，這對你的問政成效有何影響？」我試圖說服他，他真正該思考的不是接下來的四年，他將在哪裡度過，而是另一個更深層且更重要的問題：「過去」的四年，他曾經希望自己置身何處？他過去的四個月（甚至是過去的四分鐘）是什麼模樣？不希望他萎靡不振的我，要他靠在我辦公室的椅子上，然後閉上眼睛，並想像出一個畫面。

我要他盡可能在腦海裡仔細描繪的，是他人生的最後一幕，你也可以這麼做。那時的你已經離開這個世界，在你的葬禮上，你的家人和摯友正列隊迎接賓客。你已經沒有機會再留下印記、彌補過去的錯誤、重新思考某個決定，或改寫你的人生故事。請想像一下你這一生的最終總結。

當你想像那個喪禮場景時，請讓自己置身屋內，並聆聽在場所有人的對話。我希望你回答以下兩個問題：

1. 你這一生達成了什麼目標？
2. 大家會怎麼記得你？

一般來說，「思考別人會在喪禮上如何談論自己」都會喚起這些年輕訪客的注意力（或把他們嚇跑）。沒有人真的喜歡思考關於死亡的事，這很困難，而且結局已經無法改變。我們寧可思考那些比較愉快的事，這是可以理解的。然而，在我們的人生中，死亡是少數一定會發生的事。因此，這兩個問題很重要。我們必須強迫自己這麼做——思考我們這一生的最終總結，就如同在法庭上進行結案陳詞一樣。

這樣我們就可以安排，並挑選能證明我們這一生的證人與證據。如果可以將人生比作審判庭，同時具有某種最終總結，那將會是什麼？是否有任何證據能支持這樣的論述？

事實是，對許多在滿十八歲之後，試圖弄清楚自己想做些什麼的年輕人而言，他們的決定都圍繞著未來的職業打轉。從學校畢業後，他們想進入哪一個領域工作？我試著鼓勵他們，將生活的其他層面一併納入考量。在我看來，我們的人生目標不該侷限於某一個領域，而應橫跨人際關係、職業、教育，以及個人層面。

我們都是平凡人，當然不可能取得完美的平衡，但仔細思考生活的各個層面，可以幫助我們朝更好的方向前進。假使你賺很多錢，卻沒有時間陪伴家人，你能達成你的人生目標嗎？假使你在讀大學時一味地注重社交，卻忽略你的課業，你能為自己的所有目標做好準備嗎？

無論在任何年紀，從各種層面來思考我們想達成的事，都能讓我們對人生擁有宏觀的視野。一旦決定用這種方式看待人生——著重於我們想達成的目標，而不只是「想做的事」時，就可以獲得我們所渴求的人生意義，同時我們的決策也會被賦予某種使命感。

曾經有許多年輕人告訴我，他們想為了自己的社區、政府、國家有所作為。在我看來，他們的動機很單純，真的想帶來改變。因此，當他們跟我解釋，為何必須進入法學院就讀，然後踏入政壇或從事公職，以便讓這個社會發生轉變時，我都邊聽邊點頭。輪到我提供建議時，我總是奉勸他們：如果你想改變世界，你就必須教導他人。

和任何美國總統與內閣成員相比，老師使我的人生產生更大的變化。我的枕邊人是一位小學一年級的老師，她在學校一學期所帶來的改變，比我擔任眾議員八年對這個世界的影響還要大。

你的行為所代表的意義，以及你的成就所帶來的名望，是截然不同的兩件事。我們越早體認到這個事實，人生就會變得更具意義。如果你想做出最好的人生決策，你就必須誠實地面對自己。當別人在聽我們說話時，我們都試圖說出適當的話。但當你在跟自己交談時，請對自己誠實。我鼓勵這些年輕人，在面對眼前的選擇時，坦率地和自己進行對話，藉此了解自己真正的動機。

此刻，在腦海中清楚描繪出你這一生的最終畫面十分重要。但你採取的行動，將決定你能否抵達自己所期望的那個目的地。你不能只是空想，你每天做出的決定將建構你人生的最終總結。你怎麼跟別人說話、讓旁人有什麼樣的感受、如何經營你的事業、把你自己和你深愛的人照顧得多好、多常幫助有需要的人，以及你對自己的時間與金錢有多慷慨……這一切都是支持你人生最終總結的證據。

你平時的言行與思想，將引領你抵達你這一生的最終目的地。你所做出的各種決定（無論有意無意）都會將你帶往某個地方，所以我會鼓勵你，不要把你所期望的那個目的地藏在心底、不讓人知道（尤其是你自己）。換句話說，現在你越常思考你人生的最終總結，你就越有可能逐漸形塑它，直到人們盛裝出席你的葬禮為止。

假使我們希望做出的決定，能引領我們朝自己所期望的人生最終總結邁進，就必須評估我們此刻置身何處。假使你必須改變你的方向或前進速度，現在就是分析這件事的最佳時機。你是否對你的職業、學業，以及重要關係感到滿意？當你想到人生中的重要事物，像是工作、家人、友誼、業務關係與婚姻時，它們是否正帶領你建構你所期望的最終總結？

你想達成什麼目標？

我們的「行為」和「成就」之間有著很大的差異。想達成某件事，必須懷抱目標、投注心力，同時對結局有先見之明。當我們朝這個目標邁進時，會有明確的方向。相反地，如果只是單純地做某件事，我們則是漫無目的地前進，甚至會因此迷失。

舉例來說，當我在思考關於大學主修的事時，我著重的是，我必須「做」什麼事才能畢業（也就是修滿一百二十個學分），而不是我想「達成」什麼人生目標。我選擇就讀歷史系，因為這樣我就可以在高中時，藉由修習「大學先修課程」裡的歷史科目，抵免六個學分。

事後看來，我當初若是選擇主修哲學會好得多。如此一來，我就能學習批判性思考，或透過心理學來理解人性。這兩者在協助犯罪受害者時都很重要（幫助犯罪受害者最後變成了我的人生目標）。

儘管如此，我還是設法達成這項目標，因為想抵達某個目的地，有好幾條路可以走。並非所有錯誤決定都會讓你付出很大的代價。我主修歷史，接著進入法學院就讀，最後在我熱愛的司法體系找到工作。即便讓我重新選擇的話，我不會讀歷史系，我終究還是賦予自己的選擇某種意義，並且抵達我所期望的目的地（即便我多繞了一點路）。

假使你沒有錄取某所頂尖軍校，你的人生不會因此「完蛋」（就如同那位年輕人試圖說服我的那樣）。假使你沒有獲得你夢想中的工作，你的人生也不會就此「結束」。就算你沒有受邀加入某個團體，你也不能隨意「放棄」。某個被誤導的決定或意外的挫折，可能會阻礙你做某件事，但它不會妨礙你達成你的人生目標，它只是讓你多花點時間抵達目的地而已。每一條路的長度、難度與景致不一，但只要你目標明確、意志堅定，它們都能帶你抵達你想去的地方。

不要忘了傾聽你的夢想。當我詢問那些年輕人，他們想達成什麼目標時，我往往會看見他們的眼睛為之一亮，因為這時想到的是所謂的夢想、理想或目標。他們有些人不願意談論這些夢想，因為害怕別人會覺得他們古怪狂妄、不切實際。我是第一個告訴你，「邏輯思考在決策時非常重要」的人。但談論夢想（包括我們想成為怎樣的人、做什麼樣的事）也很重要，這麼做能令我們感到舒暢。

邏輯思考和夢想有著密不可分的關係，它們將在你的人生旅途中陪伴著你，並且在這本書裡反覆出現。邏輯思考將會引領你前進。然而，當你在形塑人生的最終畫面，並仔細思考你想達成的目標時（在你的葬禮上，你希望賓客們如何對你的家人形容你），容許你的夢想浮現出來並受到尊重，是很重要的一件事。當你在探索想前往何處時，讓它們在你的心裡自由漫步。夢想或許不會影響你的短期決定，但可以幫助你規劃更長遠的道路。在你的人生中，你甚至會迎來這樣的時刻——當這些夢想變得非常真實時，你可以說：「我們來到了這裡，我們終於成功了。」

你希望大家怎麼記得你？

在我人生的最後一幕，我希望大家能清楚記得，我曾經是一名檢察官、替犯罪受害者和他們的家屬伸張正義。我希望大家覺得，我是一個體貼的丈夫，同時也努力扮演好父親的角色。此時，那些真正了解我的人會說出他們對我的記憶。（我認為，那些不曾認識你、與你相處的人，對你一生的評論並不可信。）我希望大家會說「他既風趣又公正」，我深愛的人在聽到這句話時會很高興。對我來說，是否有人提到我的國會生涯並不重要，同樣地，是否有人提到我的電視節目也不重要，雖然媒體工作沒有什麼不好，而我對這份工作也心懷感激。只是法庭工作對我意義非凡，所以我希望大家也都能記得。

在這個最終畫面裡，那些最了解我的人會用某段回憶逗我妻子開心，或用某段故事讓她感到驕傲。「既風趣又公正」這樣的目標聽起來不會好高騖遠，而且老實說，二十年前在明白「我們是怎樣的人」和「我們的工作」之間的差異之前，我所期望的人生最終章或最後一幕和今日天差地遠。但在人生旅程的這個時間點，它已經確定下來、很可能不會再改變。

當你離開這個世界時，你希望大家怎麼談論你？你希望在何處落腳？你目前正在做哪些事、做出哪些選擇，以確保你朝那個方向邁進？你現在是否很了解自己，足以回答或問自己這些問題？

你所描繪的畫面不必包含你的喪禮在內，它可以是退休歡送會、百歲生日派對，或是結婚七十五周年紀念。重點不在於活動本身，而在於你將如何繼續活在別人的回憶裡、你帶給人們什麼樣的影響，以及你用自己的人生建構了些什麼。你將會因為某件事而被某個人記得。他會以何種方式、記得你多久，將取決於你。我希望，我們所做出的各種決定使我們得以留下某種精神遺產（這樣的遺產符合我們的夢想與目標）。

值得一提的是，你腦海中的那個畫面，可能會隨著時間而有很大的改變。但願它在轉變與成長的同時，會具有某種主題或一致性。當你開始活出富有意義的人生時，你人生的最終畫面就會變得更加清晰。是的，你將會遭遇意想不到的困難。一切不會總是照計畫進行。在持續關注那個最終目標與畫面的同時，我們也必須適時調整與適應。

在我和我妻子的住處附近，有一家連鎖賣場「沃爾瑪」。我經常去這家沃爾瑪，尤其是在孩子還小的時候。我的兒子喜歡樂高組，我的女兒則喜歡芭比娃娃和動物玩偶，因此我花了很多時間待在賣場的玩具區裡。每當我帶孩子們到那裡買更多玩具給他們時，都會遇見一名接待員，她的名字叫法蘭姬。法蘭姬很喜歡說話，而且總是心情很好。她具有在沃爾瑪擔任接待員必須具備的人格特質，活潑開朗、喜歡發表有趣的評論，總是讓我露出笑容。同時，她也緩慢而確實地教會我，對一切事物要有耐心。

時間繼續流逝，我的孩子逐漸長大，但我總是有去沃爾瑪的理由，而法蘭姬也一直在門口迎接。後來，她消失了一個星期左右，於是我決定在本地報紙的訃聞版尋找消息，果真看到她的名字出現在那裡。

我的妻子向來很明智，她建議我到法蘭姬的靈堂致意，於是我開車來到斯帕坦堡郡鄉間的一間小型殯儀館。那裡不僅停車場內停放的車不多，也沒有人排隊，使我不禁懷疑是否來錯殯儀館或者記錯時間。但跟隨指標走到走廊盡頭，我找到了擺放法蘭姬靈柩的房間。只有幾個人站在那裡，沒有任何繁瑣的禮節或儀式（至少當天晚上是如此）。在向她的家屬致意後不久，我就離開了，現場只有寥寥數人，令我感到悲傷。

我真希望那天晚上我有跟喪禮現場的那些人交談。我希望自己有告訴他們，法蘭姬是怎麼以和善、幽默的態度接待陌生人；當顧客在短短一分鐘內，穿過「她的大門」時（她本人如此稱呼那扇門），她是如何與他們建立起關係。她的做法影響了我看待陌生人，乃至閒聊的方式。事後看來，它們並非總是如此「微不足道」（至少你的談話對象是這麼想的）。在人生的短暫相遇中，我們聽見或說出了某些寶貴的話語，你隨時都能讓他人有被重視的感覺。

事實是，你所留下的精神遺產，遠比人們在你的葬禮上說出口（或沒有說出口）的那些話影響更深遠。你這一生的最終總結不只存在於別人描述你的話語或談論你的人數裡，也存在於你帶給他們的感受中。這些決定建構了法蘭姬的人生最終總結：她決定每天面帶笑容、用心接待所謂的「陌生人」，並且提醒他們放慢腳步、優先重視人際互動。她決定竭盡所能地讓這個世界變得更好。她令人們感到賓至如歸、備受重視，這樣的感覺非常美好。

直到今天，每次經過沃爾瑪我還是經常想起法蘭姬。這些回憶提醒我放慢步調，不時微笑、遠離匆忙也無妨。人生不是百米賽跑，在這場馬拉松中停下來與人交談也無所謂。我不禁思考，有多少沃爾瑪的顧客也像我一樣，深受法蘭姬的影響。我敢肯定，若是他們知道她去世了，當晚在殯儀館應該會聚集更多人。然而，參加喪禮的人數往往不等同於他們的實質表現。

假使你以眾人仰慕、媒體關注、名聲、財富、獲頒獎項或頭銜來評斷成功，我想你不會覺得她很有成就。但假使你根據他人記憶的長短與深刻度（哪怕只有幾個人記得），來衡量人生（它由你做出的各種決定累積而成），我就會說，法蘭姬依然活在大家的心裡。

你無法精確規劃，在人生的最後會發生什麼事。然而，仔細思考你「希望」別人怎麼談論你、記得你——無論他們是在你的靈堂說出這些話，還是多年後在某本書裡用這些話來紀念你——將會在你面臨抉擇時，指引你是否該開始、留下或離開。

你的最終論述

當我在為我偵辦的第一起謀殺案撰寫結案陳詞時，我可以從好幾種角度切入。我們掌握了很多證據。我想讓陪審團思考什麼事？是在瑞奇．賽繆爾的聖經上發現的那枚指紋嗎？還是殺手假意為瑞奇受洗，然後趁機朝他的後腦杓開了兩槍（以確保他真的遇見耶穌），代表什麼意涵？又或者是那些同夥的證詞？還是幕後黑手想消滅證人的動機？我們要如何用最有效且最具說服力的方式來結束這個案子？

最後，我決定以一張犯罪現場的照片作結。這張照片簡單明瞭，可以使陪審團從常理進行判斷。請在你的腦海裡想像這張靜止的照片：一位年輕人的屍體靜靜地躺在小池塘邊幾英尺遠的地方，池塘周圍被草木所環繞。這張照片中唯一的證據，就是這具遺體。凶手和凶器都沒有出現在照片裡。儘管如此，這張照片依舊極具張力——那樣的孤寂、殘忍，以及聯邦政府無力保護其證人的軟弱，都令人印象深刻。

在這張照片裡，可以看見池塘中的倒影，四周的草木倒映在水面上。倘若這一切都是我們的證人、這些草木可以出庭作證會如何？倘若這張照片會說話，它會跟我們說些什麼？

這張照片確實在跟我們說話。只要我們注意聽，就能聽見它告訴我們，當時發生了什麼事：照片中的池塘可以偽裝成洗禮場所；這裡地處偏僻、適合犯罪；這裡沒沒無聞、符合外地殺手的需求；這裡缺少傳統定義上的證人。照片不會失去記憶，它們抓住了特定時空的畫面，就這一點來看，它們是最好的證人。

誰有殺害瑞奇．賽繆爾的動機？哪些他新結識的人能將他誘拐至離他家很遠的小池塘邊？誰是他非常信任的人，足以讓他一起坐進車子裡，然後尋找適當的洗禮池？如果你能將這張照片往前回溯至命案發生的時間點，你覺得誰會出現在那裡？我們會在池塘中看見誰的倒影？你不覺得在池塘裡留下倒影的人，就是在瑞奇的聖經上留下指紋的那個人嗎？

由於這是我第一次參與謀殺案審判，我感受到伴隨凶殺案而來的強烈失落、孤獨與終結感。或許經驗老到的凶殺案調查員與訴訟律師終究會習慣這些情緒，但對我而言，它們都是全新的感受。更重要的是，對陪審團成員也是如此。我明白，想打贏這場官司，我的結案陳詞就必須同時訴諸邏輯與情感，引起陪審團、法庭觀察員，以及最終決策者深刻共鳴的強烈感受。在整段審判過程裡，我很知道自己想以這張照片作結，因此反覆強調這起謀殺案有多殘忍，以及在這之前發生了哪些事。我利用人性，對陪審團動之以情。

在那座池塘邊發生了慘絕人寰的命案，儘管現場沒有任何目擊證人，事實不會因此消失。一條寶貴生命就這樣被奪走，即便沒有任何人告訴我們誰是凶手。

無論在法庭上出示多少證據，審判結束時，總是會有各種問題出現。人生來就會發問。（在某種程度上，我們生來就對自己和他人心存懷疑。）這張照片讓陪審團得以在審議時詢問正確的問題。在審視各項證據與證詞時，運用邏輯推理、機率和常理進行判斷，將使他們獲得這些問題的答案。

鮑伯・哈利・佛勒和湯米・帕貝隆在南卡州格林維爾接受聯邦陪審團的判決——他們因為買凶殺害聯邦證人瑞奇・賽繆爾，被判處四個無期徒刑且不得假釋。在瑞奇・賽繆爾的案子之後，我已經記不清偵辦過多少凶殺案，但我從未忘記這項技巧（至少它對我很管用），那就是先從結局開始著手。你最後想重申什麼論點？你的一切言行要如何使你做出這樣的論述？

02

透過鏡子
自我檢視

你成功與否取決於你這一生做出的各種決定，但你必須先確定成功的樣貌為何，這是最重要的一件事。請根據你能掌控的部分（你的言語、心態，以及你所付出的努力）來定義成功。我們平時做出的細微決定都很重要，例如：選擇在跟上司爭論時保持禮貌；決定對眼前這項專案的後續成果抱持樂觀的態度；選擇讀這本書，而不是看電視；計畫跟你的另一半是要約會或是送禮物，藉此表達愛意。當你決定掌控自己的日常行為時，就能經由主動選擇獲得成就感，而不只是被動地接受結果。這種方法很可靠，而且可以持續執行。

金字塔模式與難以達到的要求

在我成長的過程中，我的父親會對我和我的三個姊妹講述法官唐納・羅素的故事：每到秋天的星期六，這位法官就會和他的家人一起坐車，從斯帕坦堡前往哥倫比亞，以便觀看南卡大學的橄欖球賽。在抵達哥倫比亞之後，羅素法官的家人就會放他在某間圖書館或公園下車。如此一來，在他們觀賞比賽的同時，他就可以安靜地閱讀。

我很仰慕羅素法官，有很大一部分是因為他資歷顯赫，在南卡州斯帕坦堡的聯邦法院大樓就是用他的名字來命名的。有很長一段時間，他成了我衡量成功人生的標準，我必須不斷累積職業成就。我踏出的每一步都使前方的路變得更窄，直到抵達某種巔峰為止——人生宛如一座金字塔，目標在於登上金字塔頂端。他已經做到這件事，而我也應該以此為目標。

成功的金字塔模式是這樣：你出生的時候位於金字塔底端。從此時開始，你的每一個決定都成了這座金字塔的基石。它們限縮你的道路、使你繼續向上攀登，即便路途日益險峻。邁向巔峰變成了你的職涯目標，每一次升遷都讓你變得更高人一等。你獲得的所有獎項與認可都將幫助你建造這座金字塔、使你變得與眾不同（這些人的職涯方向與目標可能和你十分類似）。最後，登上金字塔頂端的你將留芳百世，像是會有以你的名字命名的法院大樓。登上金字塔頂端意味著出類拔萃，其他人無法複製你的成就。

長大成人後，我參照羅素法官這個模範詢問自己：「我的金字塔頂端會是什麼模樣？」「我要如何脫穎而出？」「我做了多少別人沒有做過的事？」我覺得，想證明自己獨一無二，就只能表現得不同凡響，或設法獲得他人的讚賞。用這種方式度過人生是非常累人的。

從教育層面來看，我的學生生涯十分慘淡。我還記得高三那年拿到高中年刊，裡面有一個名為「十大傑出學長」的頁面，上頭刊載的是在學業、體育以及其他方面有傑出表現的學生，你不會在這一頁或其他頁面找到我——除了團體大合照以外。儘管試圖突顯自己，我內心對失敗的恐懼還是勝過了對成功的渴望。假使你不曾勇敢嘗試或冒險，你很難變得傑出。有一部分的你要自己勇敢去做，另一部分的你卻說「我可能會失敗」。結果就是，我覺得自己毫無價值，始終是個無名小卒，不具影響力、無法脫穎而出。收到這本年刊時，我在其中看見了失敗（我既沒名氣又失敗）。

三十年後，我的兒子從同一所高中畢業，他出現在「傑出學長」的頁面上。然而，這並非他眼中的成功，我甚至懷疑他根本沒有打開他這本年刊。就算有，他也不會以此評斷自己是否傑出。他很聰明，不僅沒有用金字塔模式來定義何謂「成功人生」，也沒有讓高中年刊的編輯決定自己的價值。

但當時的我卻這麼讓別人來決定我的價值。時間繼續流逝，我總是把嶄新的一天當作自己脫穎而出的另一次機會。我判定，既然在高中和大學時所做出的決策並未使我變得有成就，因此我必須用之後的決定加以彌補。於是，我開始擔任地方法院法官的書記員，接著到聯邦檢察官辦公室工作。在我看來，這些決定至少讓我的這座金字塔開始變窄了一些。此後，我還競選公職。我試圖藉由每一次新嘗試，令自己顯得更與眾不同，好讓旁人覺得我的人生非常充實。

用仰望金字塔頂端的方式來描繪人生的最終畫面，感覺似乎沒有想像自己的靈堂那麼可怕。你也許會說，這只是另一種從最終目標開始思考的方法而已。但我發現，金字塔模式有其缺陷。如果你的人生是為了使自己不同凡響，你就會為了外在頭銜或名聲，而不是內在目標而活，你眼前的道路將因此變得狹窄。倘若我們從一開始，就相信自己的獨特性、不再試圖證明它，我們的人生會是什麼模樣？

在我們的一生中，往往有某種「成功」的定義將我們束縛（這樣的觀念自年輕時就烙印在我們的心裡），而且我們似乎永遠都無法擺脫它。對我來說，這座金字塔和對失敗的恐懼結合在一起，它們所定義的美好人生不僅令人筋疲力盡，也難以達成。儘管我不怪羅素法官讓我設定不切實際的成功標準，他的顯赫資歷與響亮名聲還是使我覺得自己不夠好、不夠格，無論我幾歲或者擁有什麼實際成就。

爬階梯

還有另一種成功模式「階梯模式」也很普遍。在這種模式中，一個人的成就、權力或價值逐級遞增。階梯通常用來比喻職業成就，也就是當你獲得晉升時，你就會繼續向上攀爬。

我有一些朋友以階梯模式來看待成功，他們有些人企圖爬上階梯頂端、成為全美國（甚至是全世界）最有權力的人，也就是美國總統。許多人都渴望得到這份「受僱」機率比贏得美國樂透彩券更低的工作（說得更誇張一點，當選美國總統比你在兌現彩券時被閃電擊中的機率還要低），甚至以此定義成功。階梯模式依靠的是勝過他人，然而首先是這種事不見得會發生，再者，有很多人都會因此被拋在後頭或跌落階梯。所有這些想選總統的人，都不會只因為沒有達到某個極難達成的目標而變得「不成功」。在階梯頂端以外的地方，應該還有某種價值和意義存在。人生不該只是向上仰望與攀爬，更何況爬得越高，就摔得越重。

當我想到我這些想競選總統、州長或角逐某個領域最高層的朋友時，我都很想問他們我現在問你的這些問題：「你希望用頭銜、職位與各項成績來衡量自己的人生成就嗎？還是你希望以奮鬥、冒險、挑戰，以及那些值得你投入時間的活動來定義這些成就？」「能代表成功的是你的行為，還是你的為人？」

在我這些想競選美國總統的朋友當中，也許有某個人會在我有生之年「順利」如願以償。他們多數人甚至根本不會被自己所屬的政黨提名，但這並不代表他們是失敗者。我希望他們（還有你）都覺得自己很成功，只因為他們曾經勇敢嘗試、冒險與競爭。

一切端看你用什麼角度看待。因此，若是我們能改以曾經冒險嘗試的事，而不是成就來看待自己時，我們就得以開始為自己做出更好的決定。假使更進一步，我們能改以我們嘗試成為的那種人（不是以頭銜，而是以自身性格而言）來改變我們的自我認同（也就是衡量自身價值的標準），我們就可以不從階梯頂端來看待成功。這時，充實的人生——被家人和朋友包圍、做自己喜愛的工作、充滿理想與抱負、勇敢冒險，才是我們眼中的成功。

你可能會從某座階梯或金字塔上跌落下來，有趣的是，你爬得越高，就摔得越痛。用這兩種模式看待成功，讓轉換跑道感覺像是種失敗：如果你決定這麼做，先前的所有努力都將失去意義，你又再度從底層開始爬起。假使原本已經從事保險業十年的你想成為一名羅曼史作家，你又得重頭開始。

我會鼓勵你，不要以金字塔和階梯模式看待成功，而是努力達成某些目標、讓你更有可能實現你所期望的那個人生最終畫面與總結。

鏡子裡的那個人

二〇一五年，在我擔任議員的第三個任期，曾經有機會競選眾議院議長，而且有可能勝選，雖然勝算不高，不過當時似乎沒有強勁對手能取得這個令人垂涎的職位，所以對我來說是一次機會。這肯定能幫助我登上金字塔的下一階——成為眾議院議長（眾議院議長是美國總統第二順位繼任者）。對當年沒有出現在高中年刊「傑出學長」頁面上的我來說，這甚至是種補償。

我該開始，還是留下？是否該角逐這個很少出現空缺的職位？是否該抓住這次機會，去做一件沒有人覺得我能做到的事？是否該讓每一位教過我的老師大吃一驚？倘若我決定放棄這個唾手可得、足以改變人生的機會，我能否原諒自己？抱持「金字塔心態」的那個我對自己說：「開始吧，勇敢去做。」

幸好那時的我開始持續透過鏡子檢視自己，因此得以拒絕這樣的誘惑。我不再認為，我必須讓每個人都覺得我很成功或與眾不同。我不再需要某個突顯自己的頭銜。我認為，只要有幾個人覺得我成功就夠了。最重要的是，當我自我檢視時，我也必須有這樣的感覺。

要確切指出我產生這種改變、改以內在標準來衡量成功的時間點，是很困難的一件事。過去，我一直將「我是否達成目標」與「我的價值感」混為一談。諷刺的是，我並沒有對別人這麼做。在我父親對我的諸多形容中，我聽過最貼切的一句話是：「特雷用同樣的方式對待這棟大樓的屋主和清潔人員。」我的父親說得沒錯，我確實試圖用這種方式對待所有人——除了我自己以外。

只要你相信，這世上至少有一個人真的不在乎，你是在國會大廈裡工作，還是負責修剪國會大廈周圍的草坪，你就能獲得解放。對我而言，這個人是我的妻子泰芮。我們在一起的這些年，因著她對我的愛，我終於得以遠離金字塔模式。我總會開玩笑說，我甚至不確定泰芮是否知道我曾在國會服務八年。因為這不是她評價我的方式，對她而言，真正重要的是一個人的性格還有言行舉止，而不是他的成就。一個人是備受關注，還是聲名狼藉，向來不是她在意的重點。在她的人生中，她最尊敬的兩個人是她的父親和兄弟，並不是因為他們達成任何驚人成就，而是因為他們的為人使然。當你發現，有人重視你的本質，而不是你的成就時，你就會獲得解放。當你終於開始採納這個人的建議時，就會感到更輕鬆，而當你為自己變成這樣的人時，則是你最自由的時候。

當泰芮將那把鑰匙遞給我、讓我走出自我囚禁的牢籠時，原本一直努力攀登金字塔的我，就開始透過鏡子檢視自己。儘管旁人可以替你打開這座牢籠的大門，你還是必須自己果斷地從裡頭走出來，然後離開。這並不代表我不再在意別人對我的看法，在某種程度上我還是在乎，但不再因此被囚禁。我已經接受，當屬於我的那一刻來臨時，我的這座金字塔看起來將會和其他人很類似。我明白，即便兩者之間存在明顯差異，也只有少數重要的人在乎或注意到這一點。

我不再需要藉由不斷向上攀爬，來認定自己擁有成功的人生。如今，我會看著鏡子裡的自己，並且捫心自問：「我是為自己，還是別人做這個決定？」「這個決定是否會導致關係失和，同時讓我的人生失去某些樂趣？」「我和家人相處的時間是否會因此變少，或者我將無法像現在這樣，經常和兒子與朋友一起打高爾夫球？」「這個決定是否帶領我更接近我所期望的那個人生最終畫面與總結？」「假設我將這個決定付諸實行，我能否因此獲得意義與樂趣，還是只能得到某種頭銜與名望？」

以競選眾議院議長為例，當我有機會嘗試這樣新事物時，鏡子裡的那個我說：「留下來。」我對議長必須肩負的所有任務完全沒有興趣，因為那和我的議員工作截然不同。這份工作不適合我，我也不適合它。此刻，「議長」這個頭銜已經失去魅力。

在採用鏡子模式時，成功（你所定義的成功，以及這種成功實現後的樣貌）來自你的內心。成功標誌的不是你建構的外在成就，而是一種自我省思與內在滿足，它使你得以做出適當的決定，這些決定和你所期望的人生道路相呼應。

現在，只要有人請我提供與建構成功人生有關的建議時，我都會告訴他們關於金字塔、階梯和鏡子模式的故事。我會跟他們說，相較之下，鏡子模式是比較好的方法：

1. 它不會讓你只是直線前進。在鏡子模式裡，你會注意到自己的轉變與成長（就如同你的夢想和計畫一樣）。即使你在二十年內兩度決定改變職涯方向，你仍舊可以是成功的。

2. 它使你得以在目前的人生階段獲得滿足感。你會因此變得更專注於當下，你滿足於眼前的成績，並因此感到雀躍。

3. 它讓你關注重要人物的意見。你不會不停地累積外在成就與頭銜，鏡子模式使你把焦點放在你的性格與內在目標上，同時留意那些最了解你的人有何看法。你可以在鏡子裡看見其他人（尤其是那些和你最親近的人），並將他們的想法一起納入考量。但你的成功並非取決於任何人的看法、表現、回饋或讚美。

人生發展不會是一條直線。你也許以檢察官的身分開啟職業生涯，最後卻在電視圈工作。你也許主修歷史，然後發覺自己不僅取得法律專業學位，還拿起教鞭、在大學和法學院教課。只要你直接注視鏡子裡的那個人，你就會更清楚，自己該往哪個方向前進。

對於那些來找我尋求建議的人（還有我自己），我都會問他們這個問題，現在我也要問問你：「你在鏡子裡看見怎樣的自己？你喜歡他嗎？」

你要追求的是什麼

此刻，你們有些人可能會覺得，我已經先建構並登上那座金字塔，才改變我看待成功的角度。畢竟，我曾經是一名國會議員，當然可以在獲得他人眼中的成功人生後輕易地說，外在榮譽並不重要。這樣的想法並沒有錯。

倘若有人在我年輕時，將某種不同的成功模式呈現在我的眼前，我不知道，那時的我是否會採取那種模式。但我很肯定，我的母親或其他人曾經在我年輕時試圖說服我，竭盡所能地做個好人，在這之後，一切都會變得有意義。對我而言，「無條件的正向關懷」和「不受外在表現或成就束縛」這樣的觀念並不陌生。但當我們受到他人、外在因素或文化的制約，因此以某種方式看待並定義成功時，要改變我們的想法是很困難的事。要檢視我們目前採行的模式有何缺點，然後開始解構它，需要時間。要明白這些事不會帶來滿足（這其實是老生常談），需要時間。要相信我們是可靠的決策者與成功定義者，也需要時間。但當我能做到這一點時，我真希望，我能早點懂得這一切。

想為自己定義成功，你可以透過鏡子自我檢視、反省自己過去做出的各種決定，然後問自己一些問題：何時是你覺得最滿足的時候？在你的一生中，你曾經做過什麼事讓你充滿使命感？你是否曾經單純為了某個人做某件事，或成為某種人？這對你產生了什麼樣的影響？在你建構與完成的所有事物當中，最令你感到自豪的是什麼？你是否曾經想過，自己的某項成就其實不值得你做出犧牲？哪些人的意見對你最重要，原因為何？你是否曾經為了提升自己在他人眼裡的形象而做出某個決定？其結果如何？這個決定是否為你帶來快樂？這樣的快樂持續了多久？

這些問題都能幫助你建構屬於自己的成功定義。記得你所建立的一切不會被捨棄或白費功夫，是很重要的一件事。當你透過鏡子檢視自己時，它們會告訴你，你看見了些什麼。

在旁人看來，你決定要做的事也許還是很像標準的階梯模式，你可能會在眾人的注目下取得成功。但請讓這一點成為附帶好處，而不是你的目標。當年，我的父親不希望我成為南卡大學的學生，即便他全心全意地愛著這所學校。他也許是對的——這四年如果我繼續和同一群高中認識的朋友往來，可能不會有好的表現。於是，我就這樣去了德州念大學，然而後來還是進入南卡大學的法學院就讀。那時，南卡大學法學院是南卡州唯一一所法學院，因此這是一種必要的機緣。二〇二二年五月，我又回到南卡大學參加學位頒授典禮（南卡大學校長和董事會授予我公共服務榮譽博士學位）。我必須說，我不配獲得這個學位，但無論如何，我還是會繼續保有它。

這是我的目標——年輕時平庸如我，沒能在這所大學獲得學士學位，日後再回到這裡取得榮譽博士學位，以此作為補償。於是，我就這樣坐在講台上。我的座位被安排在現任與前任董事會主席之間（距離校長的座位則有點遠），他們兩人和我的父母親是同鄉，我正是為了我的父母親而去參加這場典禮，因為為他們做點什麼，對我具有某種意義。雖然被人們稱作「特雷博士」，也是很酷的一件事。

開闢屬於你自己的人生道路

過去，每每想到羅素法官我都會肅然起敬，同時感受到很大的壓力。我想像他站在金字塔頂端，但實際上，他在橄欖球比賽進行期間，坐在公園長椅上讀書。如果我們對衡量成功的人為標準太過關注，可能會忽略最重要的事，那就是人物本身。如今，我想起羅素法官，變成想像他安靜地在公園裡看書、充分享受沒有橄欖球賽的生活。世人確實用他的名字來為聯邦法院大樓命名，但他並非坐在這棟大樓裡閱讀，而是坐在一張不知名的公園長椅上。這才是他真正重視的事。當我想起他時，腦海中應該浮現的是這樣的畫面。

你選擇嘗試新事物與否，不該由任何你無法在鏡子裡清楚看見的人來決定。你所做出的決定不見得要讓所有人都理解。當然，這些決定必須慎重考慮，同時源自於理性思考，但這是你的人生，而且人生只有一次——在這種情況下，你應該要好好珍惜與管理它。

你對成功的定義，以及你覺得有意義的事，很可能和其他人不同。想做出好決策，這會是適當的衡量標準。開闢屬於你自己的人生道路、經常透過鏡子自我檢視，倘若別人試圖說服你建構或攀爬階梯與金字塔，不要因此分心。

03

預先設想
最壞的狀況

每次面臨展開新事物的重要轉折點，並發覺自己因此停滯不前時，我都會依循這項準則，藉此幫助我做出最終決定：最壞的狀況會是什麼？要明智地做出開始新事物的決定，有很大一部分在於做好準備。無論你打算創業、全職接案、對你的另一半拋出某個問題、寫一本書，還是進行馬拉松訓練，你都希望盡可能為各種情況做準備。你必須抱持樂觀的態度，同時為最壞的狀況做好準備，但也請記得，就算一切都變得一團糟，你還是會好起來。

風險與報酬

在那些禁不起邏輯檢驗的俗諺與格言中，「不入虎穴，焉得虎子」這一類的說法可說是位居首位。我最不喜歡的常見話語是：「我很不想說，但我早就告訴過你了。」事實上，多數人都等不及告訴我們，他們早就提醒過我們，以及他們的看法有多正確。同樣的道理，你也不必假定，你所面臨的風險和你期望的報酬成正比。在我們的一生中，有些冒險行為很愚蠢，而有些豐厚報酬則不太需要冒險。

當我在分析是否要嘗試某樣新事物時，我思考的不是風險的問題，而是「最壞的狀況會是什麼」。接下來，我還會問：「倘若最壞的狀況發生了，我是否有一套因應計畫？」

我的想法是，假使我對災難有所準備，自己就能應付所有不算災難的事。相反地，假使我對災難沒有任何因應措施、假使我能想到的最壞狀況超出應付能力，我可能就不會朝那個方向前進。

也許這個引導性問題是源自於某種對死亡的關注，因為我的父親是醫生，在成長的過程中，我經常聽到：「這種藥物的副作用包含導致過敏性休克。」但對我而言，考慮最壞的狀況並非因此沉溺其中，或因此糾結不定，而是承認有這樣的可能性存在，並且想出處理或緩解這種狀況的方法。

奇怪的是，這些最壞的狀況鮮少真的發生。你在接種流感疫苗後產生休克反應；你開了一間店卻完全沒有顧客上門。你買了新房子，結果家中出現恐怖電影《十三號星期五》裡的場景。你離開了舊工作，結果到新公司上班第一天就被開除、瞬間失業……這些事發生的機率很低。

但即便最壞的狀況真的發生，假使我已經事先做好準備，就可以度過這一切。有可能會節外生枝或遭遇挫折，但還不算悲慘。倘若這種狀況真的很悲慘，我一開始就不會做出這個決定，因為我並沒有做好最壞打算。當我們在進行決策時，這是一種很穩當的做法。

我並不是一個冒險家。不過考慮到我過去的經歷，發覺這樣的說法似乎有點不恰當。

有個人橫跨大半個美國到人生地不熟的德州讀大學。有個人選擇了一份工作，在這份工作中，他必須試圖說服陪審團裡的十二位陌生人相信他所提出的證據，才能裁定另一個人有罪。有個人曾經競選兩種公職，這兩個職位都必須與現任者競爭。有個人以現場演講、寫書、出席電視直播維生。這些都是風險。

上面說的這個人就是我。既然如此，我怎麼還會覺得自己「不喜歡冒險」？原因在於，這些可能會發生在我身上的最壞狀況並沒有那麼糟糕，不至於讓我無法擬定防護對策、讓自己度過失敗。一旦你對潛在災難做出最好的準備，就能朝自己的目標努力，而不會感受到很大的壓力。

天下沒有白吃的午餐

一九八二年夏天，這種預先設想最壞狀況的決策概念第一次出現在我的人生裡。那時的我只有十七歲。

當時我參加了教會合唱團的音樂劇角色甄選，獲得一個不用唱歌的角色──「叛逆男孩」。在這齣教會音樂劇中，叛逆男孩身穿藍色破洞牛仔褲，而其他人則必須穿素色襯衫，搭配卡其褲。這位叛逆小子頭上戴著頭巾，而其他人則必須把頭髮梳得非常整齊。這個角色其實根本不需要「演出」，但為了即將在「斯帕坦堡第一浸信會」舉行的巡演，我還是得參加星期天下午的合唱練習。我們教會的合唱團巡演必須坐十天至兩個星期的巴士，並造訪美國各地的監獄。

巡演已經迫在眉睫。其中一位教會監督宣布，在旅程的第一個部分，我們必須自備午餐。當時我的父母親不在城裡，所以他們都沒辦法幫我做午餐。我的三個姊妹寧可看我餓死，也不肯幫我做三明治。我則是忙著製作戲服，同時讓自己充分融入這個角色，因此無法替自己準備午餐。

當他們宣布我們必須自備午餐時，我和幾位死黨正好站在團練室的一側，盯著一位名叫泰芮・伊莉莎白・迪拉德的年輕女孩瞧。她是我們看過最美麗的人，我們全都盯著她瞧（我們經常做這件事），但她從未注意到我們任何一人。

「我想要去請泰芮・迪拉德替我做午餐。」我說道。

我的朋友們全都放聲大笑。「她根本不知道你的存在。而且，長得像她這樣的女孩才不會做午餐，更不會替你這種人做！」

當時，我的回應就是「最壞的狀況會是什麼」。我不斷這樣問自己，最壞的狀況頂多是她拒絕我而已。她是基督徒，所以應該會委婉地拒絕吧？而且，我們都在教會裡，因此就算她拒絕我，頂多是小聲地說「不」，而不是冷淡地回答：「我不要。作夢，永遠都不可能。」

一個十七歲少年請「特洛伊城的海倫」替他做午餐時，可能會發生的最壞狀況並不是很糟——她拒絕你，你因此被朋友取笑，然後你就此避免和她眼神接觸。對，就是這樣而已。最壞的狀況就是，她笑著說，她沒辦法幫你。

假使她真的拒絕我，我還是可以請某位朋友的母親幫忙。此外，這麼做還會讓朋友們明白我無所畏懼。倘若你能走向泰芮．迪拉德（她不曾注意到你），並且請她幫你做午餐，從此之後真的沒有你辦不到的事了。

在這之後，我仍繼續沿用這種決策概念。預先設想各種可能會出現的結果，以及這些結果發生的機率。接著，想像某種最壞的結果，並擬定因應計畫。如此一來，你就能擁有一套有效的決策模式。

幸運的是，她說：「好啊，我很樂意。你的父母親都不在，一定讓你很難受。」三十九年後，泰芮還是會替我做午餐，而我的母親已經沒有那麼常東奔西跑，她現在也是幫我做午餐的人選之一。話說你相信奇蹟嗎？因為如今我也能替自己做午餐了！

和與泰芮．迪拉德結婚三十二年所獲得的報償相比，在教堂裡私下被一群十七歲男孩嘲笑顯得微不足道。和這一切比起來，我事前能想到的所有風險都不算什麼。

找到你的決策準則或口號

因著說「最壞的狀況會是什麼？」這句話的語氣不同，它可能貌似漫不經心，但實際上反映出恐懼，以及對安全感的渴望。這個決定是否會對我和我家人的安全造成威脅？假使我追尋這個目標，我能否從失敗中復原？這可能會對我的財務狀況產生哪些影響？我是否已經仔細思考這個決定可能會帶來的所有結果，同時想好替代方案？我所謂的「仔細思考」，不是要你針對當下腦海中浮現的念頭進行思考，而是要你積極地設想與檢視所有可能會產生的結果，並且試著想出一套因應計畫。

當你持續針對是否開始某樣新事物進行理性思考時，我會鼓勵你找出一項決策準則、一句口號、一種典型（或模式），讓你得以在決策過程中充滿平靜與智慧。如果你和我一樣是個悲觀的人，這種預先設想最壞狀況的決策觀對你可能會是很有效的方法。另外，還有一句很棒的話：「不要在面對人生時說『真希望我有這麼做』。」這句話很簡單，卻蘊含深意。

有些人在進行決策時，會採用「你在害怕什麼？」這種典型。這肯定是一種人文思考，而不是數理思維。恐懼是很難量化的，然而這並不代表我們不能面對它，並且在某種程度上駕馭它。請運用你的理智，思考一下你害怕的那些事會發生的機率有多大。不要只是等待自己「獲得平靜」，然後才展開行動，因為平靜可能很少主動降臨，而且當它來臨時，我們不見得會意識到它的存在。

或許這一切是因為我的律師性格使然，但要等到你真的「確定」，同樣會等上很長的時間。怎樣才算篤定？是百分之百肯定嗎？還是「毫無合理懷疑」？我們經常聽到「肯定」和「確定」這樣的字眼，例如：「你確定嗎？」

「你很肯定嗎？」在法庭上，要將一個人定罪（這個人將因此失去自由、名聲、資源，甚至是他的生命），其決策標準並不是「確定」，而是「無合理懷疑」。法官甚至會提醒陪審團，要完全證明或確定任何事，都是不可能的事。因此，對刑事訴訟而言，無合理懷疑或「堅信」就已足夠。如果一級謀殺案審判都能接受「堅信」這樣的標準，在決定是否就讀商管碩士，或創立夢想中的室內設計公司時，應該也適用這項準則。其他的決策準則或口號還包括：

- 「事出必有因。」
- 「在全盤考慮下，這件事是否真的那麼重要？」
- 「丟銅板決定。」
- 「不如豁出去、放手一搏。」
- 「張開雙眼、敞開心胸，你就不會錯失任何事物。」
- 「嘿，看招！」（我大學時期的兄弟會夥伴大多採用這種決策典型。）

對我來說，這些決策模式都沒有仔細設想最壞的狀況來得有效。它們有些會使你陷入某種存在危機，導致你永遠都無法做出決定（儘管這也是一種選擇）。其他模式則會不經意地為你的決定或選擇預設「是」或「否」的答案。無論你一開始採取哪一種決策典型，它都必須符合你的本質。這意味著，在選擇決策準則或口號時，你得先了解自己。

開慢車

嘗試新事物往往會讓你處於某種脆弱的狀態。原本的你可能已經變得安於現狀、知道能預期些什麼，同時你也已經為自己的生活建立某種可以預期的節奏。已知令人感到安心，熟悉令人感到平靜。當你開始某樣新事物時，這一切都會跟著改變——不再安穩舒適，而是充滿挑戰、動盪且變化莫測。我們多數人生來都傾向安逸，因此倘若心中沒有目標或藍圖，我們可能就會繼續維持現狀（即便永遠都不會感覺滿足）。

這樣的安逸使我想起那些星期天下午，在我前頭開慢車的駕駛，也許你也曾經遭遇這種狀況。以我為例，我過去經常遇到一對老夫妻，他們以遠低於最低速限的速度行駛，然後在黃燈變成紅燈之前煞車。就算那該死的綠燈已經亮了，他們還是持續減速、等它再度變成黃燈！他們緩慢地、漫無目的地開著車，他們習慣這樣四處轉轉。

然而，不只是這些在星期天下午開慢車的老人家，在工作、人際關係等層面，我們所有人都有可能變得如此。一切已經瞭然於心，所以感到安穩舒適。於是，我們停止拚搏、開始安定下來。

嘗試新鮮、不同於以往的事物，離開熟悉的舒適圈、忽視現狀的短暫誘惑，朝著未來邁進（一路上會有各種告示牌，警告你前方的道路坎坷曲折、崎嶇難行，甚至是一條死胡同），最後看見你所期望的那個人生最終畫面。這就是你前進的方向。

你可以為接下來的旅程做好準備。你可以事先竭盡所能地設想各種可能會出現的結果。如此一來，你就可以充滿自信地展開這樣新事物。這一路上總是會有未知與風險，但透過準備，我們就能理性地評估這些風險，同時讓夢想繼續推動我們前進，最後迎向我們嚮往的未來。我的決策準則（「最壞的狀況會是什麼？」）是一種思考實驗，它不會避開風險，而是在決策時將風險一併納入考量，甚至和它成為朋友。比起貿然投入新事物、只依靠熱情帶領，我很肯定，熱情與謹慎兼具能使我更安全地實現夢想或目標。承認並評估風險，然後思考最壞的狀況真的發生，你可以怎麼緩解它。這樣的準備將給予你嘗試新事物必備的信心。

有時候，最糟的狀況並非追尋某個機會所致。有時候，當我們真的應該勇敢冒險時，卻屈服於安逸。夢想、理想與目標是我們人生中很強大的力量，假使我們沒有傾聽它們的聲音、好好培育它們，並且相信它們能帶領我們，那麼就很可能會錯失人生原本要提供給我們的一切。在每次進行決策時都選擇打安全牌，固然可以換來安逸的生活，我們內心的熱情與理想卻因此遭到漠視（這些熱情與理想本應讓我們充滿生命力）。

我懷疑，你會希望大家在你的退休歡送會或靈堂上說：「天啊，他的確度過了完全不冒險、安逸、無聊的一生。」「她是我看過最安於現狀的人，她從未努力拚搏或承擔風險。」開始新事物必須冒險。對，就是這樣，接受它、分析它，然後勇敢地面對它。接著，既熱情又謹慎的你就可以安靜地享受這趟旅程（以及路途的顛簸）。

04

傾聽你的夢想

你所做的每個決定都有一張專屬的資產負債表，上頭羅列各種事實。作為你人生的唯一一位會計師，你試圖做出最好的決定時，必須懂得詮釋這張資產負債表。在衡量風險與報酬、慾望與責任，以及各種利弊得失時，我們往往會發現，有某種夢想、理想、希望與目標推動著我們朝某個方向前進（儘管同時有另一個大家認為更明智的選擇）。這件事就發生在我身上，我很慶幸當時自己並沒有聽從那些人的「明智」建議。

夢想中的工作

一九九四至二〇〇〇年，我做著自己理想中的工作——「聯邦檢察官」。當我站在法官或陪審團面前說「我在這裡代表美國聯邦政府」時，那種感受實在沒有任何職業能比得上。

擔任國會議員期間，我一直不想在車上懸掛可以顯示職業的個人化車牌，但是在擔任「聯邦檢察官」時，我卻很想擁有一枚個人化車牌。與其說我想讓別人知道我的職業，還不如說我希望每天提醒自己，我終於擁有夢想中的工作。我曾經認為，它和我對工作的需求完全一致——抱持崇高的目標、具有挑戰性，並且擁有最好的客戶（美國國民）。

聯邦最高法院大法官薩瑟蘭（George Sutherland）在一九三五年「伯格訴美國案」（Berger v. United States）中，這樣描述聯邦檢察官所扮演的角色：

聯邦檢察官並非普通當事人一造之訴訟代理人，而是國家主權的代理人。（該主權應公正地治理，且令人信服。）因此，檢察官在刑事訴訟中所尋求的利益不在於打贏官司，而在於實現正義。正因為如此，從這種特殊且明確的意義上來看，他乃是法律的僕人。他具有雙重目標，既不能縱容犯罪，亦不能冤枉無辜。他可以認真積極地進行追訴——事實上，他本應如此。然而，儘管他可以出拳重擊，卻不得恣意犯規。檢察官不僅應避免以可能產生錯誤定罪的不當方法追訴犯罪，同時也應用盡一切合法手段來實現司法正義，這兩項職責必須等量齊觀。

我對這段話深信不疑。因此，在我早年擔任「聯邦檢察官」時，我都懷抱著某種無與倫比的使命感。

唯一能超越這種感受的，只有這份工作所帶來的滿足感。聯邦檢察官每天都得和各執法機關的人員碰面。他們和犯罪受害者會面，並且給他們一些希望——也許正義即將到來。他們與天賦異稟的辯護律師鬥智。針對被告的犯罪事實，他們肩負極重的舉證責任。他們必須努力說服陪審團，直到「無合理懷疑」的程度。他們得接受承審法官（之後還有上訴法官）的提問。他們所面臨的法律問題很有挑戰性，同時也必須承擔很高的風險，因為這些案件關乎正義與自由。「正義」這個詞不只是一種理想，而是每天都在追求的目標。正如聯邦最高法院所言，聯邦檢察官的任務不只是打贏官司，他們還必須伸張正義。告訴別人我的工作是「聯邦檢察官」是我最自豪的時刻。

我想，多數和我一起工作過的人都會告訴你，我在「聯邦檢察官」任內工作表現不俗。在不到六年內，我審理（或共同審理）了近五十起案件。我曾經在一個星期內審理三起案件，這種事幾乎是前所未聞。這些案子包括了銀行搶案、劫車案、兒童色情案，我認為它們都很重要。那種感覺就像是我正在實現夢想——針對侵害他人的犯罪行為進行起訴，同時協助維護社會安全。

然而，和很多工作一樣，現實狀況不會和理想完全吻合。事實上，將夢想付諸實行有時可能會比單純作夢乏味許多。即便「聯邦檢察官」是很好的工作，它還是沒有完全符合我的期望或需求。剛開始，它令人感到新鮮、刺激，但隨著時間過去，一切就變得單調起來。在我所承辦的案件裡，超過半數都是非法持槍案與毒品案。一般而言，前者通常只是某個人非法持有槍械，這些槍枝往往沒有被用來犯罪。至於後者則以經濟犯罪——販賣毒品為主，這樣的行為和侵佔金錢、搶劫銀行、開空頭支票、偷車很類似。在我起訴的這些被告中，沒有任何人因為販售毒品給孩童或年輕人而被定罪（就連受到指控都沒有）。

在你偵辦了十起毒品案之後，它們就開始變得枯燥。這些案件所牽涉的法律問題、證人對質，乃至最後的審判結果都幾乎雷同：某個年輕人到監獄服刑一段時間，而毒品仍舊容易取得，和你審理這些案件之前沒有兩樣。大眾對毒品案偵辦抱持不同的看法，我對這些立場都予以尊重。在我的經驗裡，在沒有人遭到殺害、襲擊（或因其他原因導致身體上的傷害）的狀況下，毒品案的判決結果通常都是長期監禁。雖然吸食毒品的人肯定因此受到很大的傷害，但還有很多合法物質也會對人體造成危害。

另一方面，我也針對持有兒童色情物品的人進行起訴，很多孩童因為這些物品而受到可怕的性剝削。然而，和持有並意圖販售古柯鹼鹽基的人相比，這些案子的被告面臨的刑期更短。在兒童色情案的審判庭上，我看到那些年輕孩子受害的畫面，以及陪審團反感與憤怒的反應。在這之後，這兩種犯罪的量刑不成比例（後者令人髮指，前者則源自於貧窮與經濟需求），開始讓我感到不安。於是，我開始問自己，這是否還是我夢想中的工作？我想在你人生旅程的某個時間點，你可能也會這麼做。

有次我在南卡州安德森的聯邦地方法院停車場，因為這樣的不成比例承受了極大的打擊。當時我剛結束某起毒品案的審判。這起案件的被告因為共謀持有，並意圖販賣甲基安非他命，被判處無期徒刑且不得假釋。他是一名前科累累的大毒販，我一點都不同情他，但這種刑期不成比例的問題在腦海中揮之不去。一邊走向我的車子，我一邊回想起最初在聯邦司法體系參與的那些案子。儘管那時我所扮演的角色微不足道，在我的下半輩子，這些案件的細節還是會一直留在心裡。

我剛開始在聯邦檢察官辦公室工作的幾個月內，有位女子宣稱她在南卡州猶尼昂郡鄉間的一處紅綠燈前等待綠燈，突然有一名非裔男子衝出來、強迫她下車，然後帶著她兩個年幼的兒子疾駛而去。這是我們多數人最害怕的犯罪類型——孩子遭陌生人殺害的懸案。這樣的劫車與綁架指控意味著，聯邦司法體系可能對這起案件具有管轄權。

在調查初期，我所接觸的猶尼昂郡執法人員就對這樁劫車與綁架的指控感到懷疑。劫走車子通常是為了錢，但劫走載有兩名幼童的車則非比尋常。這位女子家裡既沒有綁匪打來的電話，也沒有人向她要求贖金。此外，也沒有任何孩子被丟在加油站或路邊。但追蹤所有線索是執法人員的職責，哪怕這些線索似乎太過牽強，他們還是會針對每一種可能性進行調查。

結果，當地警方的看法是對的：根本沒有所謂的劫車與綁架，也沒有非裔男子出現在紅綠燈前。事實是，這位名叫蘇珊·史密斯的母親，將她的兩個孩子綁在後座，然後讓車子緩緩地滑進約翰·朗恩湖裡。

案發當時，我和泰芮也有一個年幼的兒子。對多數人而言，為了拯救孩子的性命，我們都會奮不顧身。倘若置身險境的是我們自己的孩子，這種保護他免於受難的慾望會更加強烈，多數父母親都會這麼做。

請把這樣的狀況和蘇珊·史密斯的選擇對照一下。我不禁想像起這樣的畫面：她把車子開到湖的附近時，兩名年幼的孩子發出咿咿呀呀的可愛聲音，其中一名孩子可能還叫了好幾次的「媽咪」。她是否曾經改變心意？她怎麼會決定讓兩個孩子被綁在座位上，然後自己跳下車來？她是否有聽見孩子們的呼喊？

她就站在船用坡道上，眼睜睜地看著兩個兒子淹死。接下來的一個多星期，她讓全國人民和她一起陷入悲傷。在這一個多星期的時間裡，她讓全美國人相信她是個受害者，但其實她正是殺死自己兒子的禽獸。

沒有任何聯邦級劫車或綁架罪指控，因為根本就沒有發生劫車或綁架案。這是一級謀殺，並且是在南卡州的州法院進行審理。當時負責這起案件的法務官湯米．波普（Tommy Pope）後來成了我的同事與好友。

這起案件經常縈繞在我的心頭，因為即便過了近三十年，我還是能感受到其中的邪惡。但當我在南卡州安德森的聯邦地方法院停車場走向我的車子時，它卻直接浮現在我的腦海。這個男人因為毒品罪指控，將在聯邦監獄裡度過餘生，而且不得假釋。與此同時，蘇珊．史密斯雖然被判處無期徒刑，但在服完三十年的最低刑期之後，她將有資格獲得假釋。這樣的量刑不成比例，它不僅不恰當，也不公平。

即便我已經擁有夢想中的工作（我曾經這樣認為），也就是成為「聯邦檢察官」，我開始感覺這份工作不再那麼有意義。我開始思考，是否可以繼續擔任檢察官，但承辦不同類型的案件，其刑期和罪行比較相稱，像是凶殺案、性侵案、竊盜案以及武裝搶劫案。答案是肯定的，這就是州法院檢察官每天在做的事。

地方檢察官由民選產生，這些檢察官負責代表州政府提起刑事訴訟。聯邦檢察官宛如神經外科醫生，專精腦部的某一個區塊，而州檢察官則像是紐約市周末晚上的急診室醫生。兩者都很重要且具有意義，但相較之下，州刑事司法體系所管轄的案件種類與範圍廣泛許多。我想進入這個領域，針對侵害他人、震撼社會良知的犯罪行為進行起訴。

蒐集各種現實資訊

在確認我的夢想已經發生轉變，以及所感興趣的職涯方向和以往略有不同之後，我必須做出選擇。我面臨新舊夢想之間的抉擇，於是開始展開自我對話。我是否該離開工作近六年的聯邦檢察官辦公室，然後朝競選州檢察官的新方向前進？還是該繼續待在熟悉的舒適圈裡，即便它不再那麼令我興奮？在全力投入之前，我必須先了解各種現實狀況。因此，我開始做我現在要你做的事

——蒐集各種現實資訊，接著再根據這些資訊，將優缺點逐一列出。

社會常識都鼓勵我們權衡利弊得失，這並不困難。但你要如何組織與整理這些現實資訊，同時將它們分類？你要怎麼知道，該將它們放在天平的哪一邊，以及它們有多重？這些資訊的重要性並不相同。

想列出一份很棒的利弊清單，你必須盡量客觀地蒐集各種相關資訊。在多數情況下，對於是否支持某個決定，我們一開始都會抱持某些偏見。我們都是平凡人，有自己的直覺與天性。假使我們的直覺反應是接受某份工作或購買某款車子，我們可能會特別重視某些資訊。在資訊蒐集的階段，請設法避免這樣的狀況發生。我會提醒自己，無論如何，我都必須做出最終決定，以此作為折衷。我可能會否決某一項強而有力的資訊，然後贊同另一項看似無足輕重的訊息。既然決定權在我身上，了解所有資訊又何妨？人通常會對決策者隱瞞某些資訊，但你就是那個做決定的人！為什麼要對自己有所隱瞞？

在我個人的決策過程裡，這種做法確實替我爭取了更多思考時間。我很清楚，自己不是有耐心的人，可能會匆促、莽撞地做出決定。我必須強迫自己花時間好好思考，因為這樣能使我做出更好的選擇（至少對我是如此）。要找出各種相關資訊理所當然會耗費不少時間，有些資訊顯而易見，有些資訊則要經過些許思考，才會浮現出來。這時，我會告訴自己，從一個人所掌握的某些資訊可以看出，他是否是一位優秀的情報蒐集者。請竭盡所能地蒐集各種資訊，並找出那些其他人不願意花費心力與時間了解的訊息。

在完成蒐集工作之後，你就可以開始針對這些資訊分配權重。此時，自我覺察扮演了非常重要的角色。明白自己的理想、能力、機會、行為動機與優先順位，將協助你列出屬於自己的利弊清單。你不僅必須理解這些資訊，同時也得了解自己。

在權衡這些資訊時，將這個決定可能會帶來的好處、機會、風險與後果一併納入考量，是很重要的一件事。「後果」這個詞似乎帶有某種負面意涵，但其實不然，它只是採取（或不採取）某種行動之後的結果。

請特別注意，我並不是要你客觀地衡量這些資訊。對於我們的優先事項（我們喜愛與恐懼的那些事物），沒有所謂的客觀可言。蒐集資訊時確實必須客觀，但對每一項資訊的權衡本來就是主觀且因人而異的。於是，我開始用我蒐集到的資訊列出利弊清單。

調整職涯方向（競選州檢察官）的優點：

- **工作內容更多樣化**。假使順利當選，我負責的案件就不會侷限於非法持槍案與毒品案。我會跟很多檢察官一樣，負責偵辦各種案件，像是竊盜案、強暴案、襲擊案、武裝搶劫案，以及一級謀殺案。
- **我的工作將更具意義**。我一直覺得，那些手段最殘暴的犯罪都是在州法院體系被起訴的。正因為如此，這個體系和聯邦法院體系同樣需要出色的檢察官。（在我看來，前者甚至更需要優秀的檢察官。）
- **擁有更多晉升機會**。成功當選州檢察官，將會吸引該州的諸位決策者注意，他們往後會決定聯邦地方法院法官或聯邦檢察官的人選。因此，當選州檢察官將使我在司法體系裡擁有更多機會，未來我可能會想要角逐其他職位。

調整職涯方向（競選州檢察官）的缺點：

- **我必須投入公職選舉**。我過去沒有任何參選經驗，這的確是這份清單上最大的一項缺點。
- **我可能會失敗**。我並不是為了「成為」巡迴法務官而離開聯邦檢察官辦公室，我是為了「競選」巡迴法務官而離開。我的競爭對手是某位廣受歡迎、已經數度連任的現任法務官，這位法務官並沒有打算離職。事實上，原本是民主黨員的他才剛投靠共和黨陣營、鞏固其支持度，而且他在這兩個政黨都沒有敗選過。
- **我將會失去目前這份工作所帶來的熟悉感與安全感**。在選舉結果揭曉之前，我就得辭去「聯邦檢察官」的職務，因為聯邦助理檢察官不得參與政黨活動。這意味著，我無法在「聯邦檢察官」任內宣布參選或募款。在知道下方是否有防護網接住我之前，我就必須跳下懸崖。
- **我必須募款**。我要如何在這場與現任地方檢察官對抗的選舉中募得資金？誰會冒險做這種蠢事——選擇捨棄自己家鄉的現任首席檢察官，然後把機會交給一個完全未經考驗的新手？
- **我很難讓其他政治人物替我站台**。其他政治人物很可能會對公開支持挑戰現任者的候選人感到遲疑。現任者很難被擊敗，他們會一直記得誰曾經力挺過他們。對於那些沒有支持自己的人，他們則會記得更清楚。

在這份清單裡，不僅能完整看出利弊得失之間的鮮明對比，同時也可以看出，風險明顯勝過報酬。照理說，我應該選擇繼續留在聯邦檢察官辦公室工作。這段期間，我曾經多次從家裡步行至附近高爾夫球場的球車道上散步。無論是清晨或夜晚，漫步都能使我沉澱情緒，並且療癒我的心靈。我會一邊走，一邊仔細思考這個決定。每次散步結束時，我都會做出同樣的結論：這麼做風險太高、弊大於利，以及留下來是最明智的選擇……但我還是無法獲得平靜。我試圖以浸信會教徒慣用的方法來進行決策——做出某種選擇，然後等待他們所謂的「平靜」。但一切都是徒勞無功。即便我擁有熟悉感、舒適感與安全感，我的內心依舊波濤洶湧。

就算整體而言是利大於弊，有時候，光是其中一項優點就足以勝過所有缺點。有時候，你衡量成功的標準會讓其中某一項因素超越二十項缺點。然而，這並不代表，你可以忽視所有的缺點。請仔細檢視你蒐集到的所有資訊，並且聆聽你內心的恐懼（還有那些不太中聽的建議）。到頭來，只有你自己知道每一項資訊的權重為何。

在我決定繼續擔任「聯邦檢察官」，卻無法獲得平靜時，我想起我的決策準則：「最壞的狀況會是什麼？」那肯定是參加競選，然後敗選。於是，我開始擬定防護對策，萬一到時真的失敗了，我才能度過難關。我心想：「在參選的同時，我可以在私人律師事務所找一份工作，這樣就能維持生計、供一家人溫飽。如果我在這家律師事務所表現得不錯，之後要是落選，他們可能會讓我繼續留下來。假設將來現任巡迴法務官決定離職，這份工作還是可以支持我再次參選。」我甚至想像，沒有選上巡迴法務官的我又重新回去擔任「聯邦檢察官」。我試圖設想競選失利所帶來的各種不良後果。假使這些事真的發生了，我是否有一套因應計畫、足以讓我度過這一切？

考慮到所有的利弊得失、我的內心無法獲得平靜、我將來可能會感到遺憾，以及各種最壞的狀況，我終於決定競選巡迴法務官。我可以非常明確地告訴你，事後看來，我覺得自己是個白痴。事實上，無論從任何角度來看，我都是個笨蛋。這麼做不僅風險太高，也極難獲得報酬，不過，我已經預先設想各種最壞的狀況。我判定，失敗並非無法忍受。

在球車道散步的過程中，我意識到自己的夢想已經發生轉變。我不再只想當一名檢察官，我希望我能針對侵害他人的犯罪行為進行起訴，而這並不是我目前正在做的事。到最後，我覺得工作本身具備的意義與使命感，遠比熟悉感、安全感與可預測性更重要。

擔任巡迴法務官是經過修正後的夢想，這樣的目標與我所期望的人生最終總結，以及我對成功的定義相互符合。即便考量到背後的風險、必須付出的代價與犧牲，我還是決定追尋這個夢想。

尋求別人的看法

二〇〇〇年二月，我離開了「聯邦檢察官」的職位，不久後就宣布競選巡迴法務官。初選將在六月舉行，因此我有四個月可以衝刺。一開始，一切都如我所料，我必須經常挨家挨戶拜訪、利用夜晚的時間設計各式競選文宣，並且努力募款，這樣才能將這些文宣寄到選民的手裡。我一個人孤軍奮戰，非常想念我在聯邦檢察官辦公室的前同事（這樣的想念超乎我的預期）。這場選戰十分艱辛，但並非無法承受，不過我最害怕的事還沒發生。

然後，它真的發生了——我也萬萬沒想到，它竟然發生在某場婚宴上。我本來就不太喜歡參加婚禮，主要是因為它們大多在星期六舉行。星期六通常會有很多活動，整體而言，此時要穿著西裝去教堂，是非常不方便的一件事。但泰芮要我出席這場婚禮，更糟的是，她說我們也要參加在同一地點舉行的婚宴。

我們踏上宴會廳的台階時，有人呼喊我的名字，我抬頭一看，只見小約翰·懷特的身影映入眼簾。（在斯帕坦堡的法律界與政治界，小約翰是一位備受推崇的重量級人物。）我知道，他不僅不支持我競選巡迴法務官，還是現任法務官的陣營代表。他們兩人是認識多年的朋友，我能理解並接受這一點。他走近我，然後為了另一位候選人，以及他的主要支持者說了這番話：「我們都喜歡你，特雷。我們都覺得你有政治前景，但這場選舉不適合你。我們做過民調，你的支持度只有百分之二十，落後我們六十個百分點。我們不希望看你難堪，你也許會想要重新考慮你的決定。」

這是我人生中極為震撼的一刻——有充分證據顯示，我將一敗塗地（落後六十個百分點），而我的對手則將大獲全勝。這樣的潰敗將危及我的職業生涯。無比震驚的我目瞪口呆地站在那裡。從五歲起，我就一直住在斯帕坦堡，家父是一名小兒科醫生，家母也交遊廣闊。我的妻子是廣受喜愛的知名人士，她的家人也頗負盛名（他們和我的家人各自在不同的圈子裡活躍著）。我以為，我們擁有強而有力的支持，我怎麼會錯估情勢至此？

我去找泰芮，並且讓她知道我們必須立刻離開現場，當時她還以為我看到鬼了。（某種程度上我確實如此，感覺我的政治生涯就此「死去」。）我們走向我們的車子，然後我只是呆若木雞地坐在車裡。

在回家的路上，我告訴泰芮，我打算退出這場選舉。我對這樣的自己感到極度憤怒——已經離開聯邦檢察官辦公室的我錯估自己的選情，退選可能會令我的妻子、孩子，還有我的父母親非常難為情。

我很想結束這痛苦的一切，並且在其他痛苦來臨前加以避免。為了做出參選的決定，我花了好幾個月的時間，卻在這個瞬間準備退選，想來真是諷刺。這個決定的所有不良後果幾乎都已經顯現出來，假使當時只有我一個人坐在車上，我可能真的會選擇退出這場選舉。因為我害怕在公開場合丟人現眼，畢竟小輸和慘敗是截然不同的兩件事。

泰芮說服我，在退選之前，至少先打電話給克萊姆森大學的政治學教授——戴夫．伍達德博士。他既聰明又老練，對南卡州各種政治活動所進行的民調也十分準確，因此聞名。於是我在晚上九點半左右打給戴夫．伍達德，並與他分享來自對手陣營的民調資訊。「他們做過一次民調，戴夫，我的支持度只有百分之二十，落後他們六十個百分點。事實上，斯帕坦堡郡政治圈的每個人都支持那個傢伙。我實在不想這麼做，但為了不讓我和我的家人更難堪，我想我必須退出這場選舉。」

他的回應明快而簡潔。「太好了，你的支持度已經上升到百分之二十了。真是令人意想不到，我上個月做民調時，你的支持度只有百分之二呢！我不想讓你知道你的起跑點，所以沒有跟你分享這樣的民調結果。你現在表現得很好，堅持下去。」

從不同的觀點思考，正是我所需要的。假設你試圖獲得百分之五十點一的支持度，百分之二十的支持率是很差勁的。然而，要是你最初的支持度只有百分之二，百分之二十的支持率感覺還挺好的。在決定嘗試某樣新事物時，難免會感到自我懷疑，尤其當它們看似變得更真實時，你就會急著想「棄船逃跑」。這時，我們必須尋求不同的觀點、讓那些我們信任的人一起參與這件事。我們不該指望他人替我們做決定，但有時候他們可以提供不同的看法，由於我們不曾從這樣的角度思考，這種看法能使我們的決定變得更加明確。

到了二〇〇〇年六月，我獲得了近百分之五十五的選票。我不僅贏得了初選，在排除萬難之後，我也順利當選巡迴法務官。我認為，調整職涯方向，並競選州檢察官是很好的決定。它之所以是一個好選擇，並不是因為它成功了。即便我落選了，我也不會將它視作失敗，若是我從未投入這場選舉，那才是最大的失敗。

05

相互制衡

你在考慮嘗試某樣新事物，追尋某個夢想、理想或目標時，內心難免會充滿恐懼等各種情緒。儘管我強烈建議，在進行決策時應該以邏輯思考為主，我也明白，我們的直覺與情緒在人生中扮演很重要的角色。我花了一些時間才了解，理性與感性密不可分，如今在我的決策過程裡，兩者都不可或缺。

決策時的「三權分立」

我認為，每個人生來就會根據他們的頭腦（邏輯思考）、內心（情緒），或膽識（直覺）來做出各種決定。這三者都在我們的人生中扮演非常重要的角色、不容忽視。它們就像政府的立法權、行政權，以及司法權一樣三權分立、相互制衡。當它們適當地相互牽制時，才能發揮最好的效果。

在進行邏輯思考時，我們有時不會將自己的情緒幸福感或直覺一併納入考量。直覺可能會告訴我們，什麼是正確的選擇，不過單憑直覺，沒有邏輯思考與同理心的引導，並且經過時間的沉澱，我們可能會做出草率的決定。我們的情緒則是「不可靠的敘事者」[1]，它們必須受到直覺與邏輯思考的制衡。

我們考慮展開新冒險的時候，應該讓邏輯思考負責駕駛，直覺坐在副駕

1. unreliable narrator，「不可靠的敘事者」是一個文學名詞，意指該敘事者特別主觀、帶有偏見，因此會刻意隱瞞、欺騙，或是不小心誤導閱聽者。

駛座、負責從旁引導與協助。至於情緒則可以坐在後排的獨立座椅上，負責控制車上播放的音樂。如果你讓直覺或情緒掌控方向盤，往往會因此迷失方向，或陷進死胡同裡。邏輯思考能使我們不偏離目標，但它絕對不該是決策時唯一的考量因素，若是如此，那樣的旅程（人生）將會變得很孤單。

克服恐懼

我們的直覺經常以恐懼的形式呈現。從我懂事以來，恐懼便如影隨形，我曾經讓恐懼主導人生，但隨著時間過去，我漸漸學會讓它成為我的旅伴。我選擇讓它以直覺的形式陪伴我，但我絕對不會讓它掌控人生的方向盤。

起初，我害怕被父母親拋棄。我不知道為何會出現這種恐懼，因為我的父母親對我呵護備至、充滿關愛，不可能拋棄我。儘管這樣的恐懼很荒謬，它也不會因此緩解或減輕。在我的老家有一間連鎖賣場「凱瑪」，我們一家六口不時會到那裡購物。我不想跟我的母親和三個姊妹到女裝區去，所以每次進入店內我就會和父親走在一起。有時候，我很難跟上他的腳步，一轉眼，他就消失在我的視線裡。我不會就這樣待在原地、明白我的父親並沒有丟下我，驚慌失措的我會到店門口找店經理、請他們大聲廣播：「可以請特雷．高迪的父母親到店門口來嗎？」然後，我和那位可憐的經理就會站在那裡，等父母親來接我。我的母親都會用跑的過來，我的父親則是用走的。

時至今日，我依舊有著某些不合理的恐懼。我可以嘲笑這樣的自己，但它們還是感覺如此真實。如今我不再需要母親陪我一起逛凱瑪，我感到害怕的事情變成，在商店裡碰到想跟我談論政治的人。

此外，我也不敢在夜晚時獨自待在家裡。泰芮很少自己出門旅行，但只要她出遠門，我就會去朋友家住、請朋友來我們家住，或是自己跑去住旅館。我做過很多次這種事，即便這樣做真的沒有什麼意義，但我就是沒辦法在夜晚時一個人待在家裡。

從工作方面來看，我一直都有同樣的恐懼：害怕別人覺得我欠缺準備。這比真的缺乏準備還糟糕。我害怕的是，別人「覺得」我毫無準備，而旁人的感覺往往是我們無法掌控的。雖然我不想承認，但我花了很多時間推想，反方會提出什麼論點或想法（不管是在法庭或國會聽證會上）。當然，我希望自己能有好的工作表現。但我最大的恐懼在於，別人會「覺得」我沒有預料到，或預先設想另一方會提出什麼論點，因此顯得手足無措。

恐懼在你的人生中扮演什麼樣的角色？你特別害怕什麼事，以及這件事對你的決策造成了什麼影響？你能否在緩解恐懼的同時，讓它成為你的盟友？其關鍵就在於，善用你的恐懼，就像它們利用你那樣。當你意識到自己心裡的恐懼，並將它們表達出來時，你就可以逐漸察覺它們的好處。

恐懼使我們按下暫停鍵，恐懼讓我們變得小心翼翼，兩者都是件好事。恐懼會讓我們不敢做那些我們感到不確定的事。當我們想嘗試某樣新鮮或帶有風險的事物時，這對我們會很有幫助。

當恐懼與我們「同行」，而不握有主導權時，我們可以聆聽它的論點，但最後還是由我們自己掌控全局。我們可以分辨，這些恐懼是否合理。假設你利用恐懼來了解各種資訊對你有多重要，以及某個決定可能會帶來的各種風險與後果，它就不見得是缺點。如此一來，恐懼就會以直覺的形式呈現，並且成為你寶貴的盟友。一旦你能駕馭恐懼，就可以與它共存。

倘若你無法駕馭恐懼，它就會控制你的頭腦與內心。如果我們不加以留意，我們就無法建構這一生的最終總結——因為恐懼強而有力，它將會使我們的人生故事圍繞著它打轉。

我已經提過我心中的諸多恐懼：害怕失敗、害怕被拋棄，以及害怕暴力犯罪。但恐懼會以各種不同的形式呈現出來，例如害怕被拒絕會讓我們不敢認識新朋友，或抓住足以改變我們人生軌跡的機會。害怕出醜或被別人覺得無知，會使我們不敢分享新穎的想法與思想。害怕失去則會讓我們不敢建立深刻的人際關係。

倘若內心的恐懼一直沒有被駕馭，我們就會開始發現，在做出各種決定的同時，它逐漸侵蝕我們的人生根基、將我們囚禁，而不是帶領我們抵達所期望的那個最終目的地。請與你的恐懼對話、和它進行辯論與交叉詰問。向你的恐懼提出某些條件，如此一來，它就可以形塑你的決定，而不是對它們產生阻礙。當你在想像你這一生的最終畫面與總結時，請確保恐懼不在現場。

我們要如何確認，我們的直覺與恐懼反應沒有主導一切？其方法就在於，讓邏輯思考、情緒和直覺相互制衡。想有效地制衡恐懼，我們必須關注數據（邏輯思考），並且關心他人（情緒）。

1. 把注意力放在機率，而不是可能性上

小時候，只要我姊姊對某件事感到極度恐懼，我們就會坐下來，一起評估她最害怕的事是否可能真的發生。舉例來說，有一次在她即將去參加戶外夏令營時，剛讀完一本關於連環殺手泰德．邦迪的書。她擔心他會逃出監獄、跑到她的教會營隊去。我們坐在她的房間裡，將可能性與機率區分開來。我們透過數據理性思考，並針對最壞的狀況想出一套因應計畫。然後我們判定，我們根本不會需要這套計畫。

思考決定可能會帶來的各種結果固然重要，但我們不該讓自己一直擔心不太可能會發生的事——害怕泰德．邦迪跑到我們的教會營隊裡；擔心只是犯了某個小錯誤，就因此失去工作；或者擔心搬到另一座城市之後，交不到任何朋友。以數據與邏輯思考來面對你的恐懼，你就能學會用現實資訊來緩解它。

2. 用理解與同情來關心他人

我們也可以藉由關心別人來對抗恐懼。當我們選擇保護很在意的某個人

或某樣東西時，我們往往會變得非常勇敢、足以克服內心的恐懼。

只要有其他人在屋子裡（哪怕只是個嬰兒），我就可以自己獨處，卻沒辦法一個人單獨在家，這一點讓我的妻子覺得很好笑。萬一災難來臨時，這麼小的孩子什麼事也做不了，卻能消除我獨自在家的恐懼，她覺得很不合理。於是，我和這樣的恐懼對話（這正是我鼓勵你做的事）。然後我發現，只要有任何人在場，就足以讓我停止注意所聽到的每一個聲音，轉而關心那個和我待在一起的人。這種想保護他人不受入侵者傷害的念頭，趕走了我心中的恐懼。

在其他人身上，我也觀察到這樣的現象。比方說，我妻子對疫情的反應和我截然不同。每天早上起床後，她都會為她的學生祈禱，因為那段時期無法每天看到他們。接著，她會坐在餐桌前看著家裡的電話、等待她的學生或家長打來尋求協助。她會問候我的家人（還有其他人），看看是否有她能幫忙的地方。然後，她會寫紙條和卡片給社區裡的人，希望為他們帶來些許快樂與希望。到了晚上，她也許會坐下來休息一下。我很肯定，她和我們其他人一樣，想知道外頭發生了什麼事，但比起接收資訊，她更想幫助別人。

我的妻子很少感覺恐懼，因為她總是在關心他人。她常忘記鎖門，她不知道我們家保全裝置的警報代碼。她把時間都用來關心與幫助別人，所以很少出現恐懼的念頭。我只知道她害怕兩件事：她害怕小蟲子，還有本地的有線電視業者會停播賀軒頻道。除此之外，她是一個極度勇敢的人。她很嬌小、打架絕對打不贏，但她戰勝了最強大的敵人——恐懼、憂鬱與負面情緒。

我的妻子在疫情期間的這些反應，使我明白，我們可以用不同的方式來評估恐懼，以及對恐懼做出回應。我在閱讀確診率與死亡率的圖表時，她在幫助別人。我在努力查詢新冠肺炎的各種症狀時，她在寫卡片。我必須調整自己的心態，並關注他人的需求，在這段過程中，我對家人的定義也開始發生轉變。如今，它包含了住在附近的鄰居（以前我只會在早上或晚上跟他們打招呼）、未曾謀面的醫護人員、卡車司機、雜貨店員工、警察，以及食物外送員。當我想起這些「家人」時，我就會變得更加勇敢。

當你對嘗試新事物感到恐懼時，請把注意力放在各種數據、機率和百分比上，接著再關心別人。恐懼是一種自然反應，這並不代表你必須放棄這項新嘗試。它只是一個領航員，提醒你謹慎行事。只要你沒有讓恐懼主導一切，並且用邏輯思考與同情來制衡它，它就能成為值得信賴的旅伴。你在進行人生決策時，可以徵詢它的意見。

然後，還有希望。在我所居住的南卡州，其座右銘是：「只要一息尚存，就有希望。」在我曾經造訪的所有南卡州法庭內，法官席上方的南卡州州徽裡都有這句話，但直到二〇二〇年，我才充分理解這句話。那時，全世界的人都在觀察，這種透過空氣傳播的新冠病毒會對我們熟悉的生活產生什麼樣的全面影響。當你年輕、健康時，你不會經常思考關於「呼吸」或「希望」的事，因為你擁有兩個最棒的禮物——青春和時間。但它們都會消逝，然後某天你一覺醒來，突然發覺人生已經過了三分之二。抑或是你意識到，像呼吸這樣簡單且重要的事是何等珍貴，因為沒有任何人能保證你的人生會持續到何時。

這一切都讓我重新注意南卡州的州座右銘，同時回想起多年前，使我初次領會這句話的人。那些犯罪受害者（特別是凶殺案被害人）和他們的家屬讓我體會到這句座右銘的意義。我們都擁有寶貴的生命，光是這一點就應該帶給我們一絲希望。尤其是有些人因為意外、疾病，或犯罪行為而失去了生命。能活著就是一種希望。

我們應該要愛我們的鄰居，並且盡可能從廣義的角度來看待「鄰居」這個詞。我們應該相信未來會更好。我們也應該懷抱希望、將「恐懼」這個敵人變成一個好旅伴，讓它帶領我們在人生旅途中向前邁進。

情緒的「標點符號」

在嘗試某樣新事物時，你會反覆經歷各種情緒。無論是你即將進行某場工作面試、向心儀對象提出約會邀請，還是參加校內舉辦的壘球賽，你都會感受到不同程度的緊張與興奮感。你可能會覺得焦慮不安、猶豫不決。此外，你也會感到喜悅、充滿希望、深受啟發。你該聆聽哪些情緒，同時將它們一併納入考量？

所謂的「過失殺人」，是指在突然情緒激動的情況下殺害另一個人。法律上認定，這種源自於非理性衝動的殺人行為，必須和蓄意謀殺有所區別。殺人罪通常是無法減刑的，除了這種因「激情」所導致的殺人行為以外。在法律上，沒有所謂「突然湧現的『思緒』或『邏輯思考』」，但它的確認定，被情緒沖昏頭會讓一個人無法理性思考。

由此可見，倘若你的情緒會主導你的思考過程，甚至使你做出某種犯法的行為，這些情緒肯定也能讓你做出其他不智之舉、令你後悔莫及。它們可能會驅使你開始（或結束）某段新關係，或辭去某份工作（這實非你所願）。這就是情緒的驚人力量，它們有時會妨礙你做出最好的判斷，我們必須駕馭這股力量。

如果可以的話，請盡量讓情緒伴隨你的好決定而來，而不要讓它們主導你的決策。在面對頭腦告訴我們的那些事時，情緒的功用應該是提醒、強調、確認、認可與暫緩執行。它們可以為你的各種決定加上標點符號，而不該支配你的選擇。它們應該扮演的是證人，而不是裁判的角色。最近，我聽到某位橄欖球教練說：「我們必須與我們的情緒共處，而不是被它們玩弄。」這句話也很有用。

情緒囊括了很重要的資訊，而當我們想做出最好的決定時，必須竭盡所能地蒐集所有資訊。你的情緒使你更能自我覺察，更具有同理心與敏銳的感知力——想擁有成功且富有意義的人生，這三者都不可或缺。承認你的情緒。接著，反覆檢視它們提供給你的資訊，然後辨別這些「證詞」中是否有任何矛盾或荒謬的地方。

我曾經多次讓情緒主導我的決定。在理想狀況下，隨著年歲漸長，我們應該更能察覺情緒不可靠之處，同時不讓它們在決策時凌駕於邏輯思考之上。我之所以說「在理想狀況下」，是因為我偶爾還是會犯這樣的錯誤。

身為一個經常東奔西跑的旅行者，我從未選擇轉機航班，並因此感到自豪。我喜歡直飛航班，但某個周末我和泰芮要去肯塔基州參加婚禮，我在規劃班機時不小心出了差錯。要前往肯塔基州的我們應該先開一小時的車到北卡州夏洛特機場，而我卻預訂了從格林維爾—斯帕坦堡國際機場起飛的機票，因為這座機場距離我們家約三十分鐘車程。這班飛機會先飛到夏洛特，接著再前往肯塔基州的路易維爾，回程則正好反過來。

那是一場很棒的婚禮。然後隔天，我們跳上了從路易維爾飛往夏洛特的班機。我們原本已經坐在飛機上，準備返回格林維爾—斯帕坦堡機場。此時，機上卻傳來廣播：「為了讓維修人員進行檢修，所有乘客都必須下機。我們預估不會耽誤您太多時間，可以重新登機時，我們會再通知您。」我原本以為，這班飛機已經快要起飛，因此我會在還有一點陽光的情況下回到南卡州，這樣就可以練習高爾夫的推擊技巧。結果，我的希望澈底落空，只因為我在這班飛機上。

這時的我只聽見「維修」和「下機」這兩個詞。我告訴泰芮，我們要帶齊行李、離開機場航廈，然後搭乘Uber回南卡州的機場去取我們的車。

「親愛的，你不想先等一下，看看會延遲多久嗎？」

「不要，我不想。」

「可能只會耽誤幾分鐘而已，這樣我們會早點到家。況且，我們還可以省下搭Uber的錢。」

「不要，我就是不想。」

我只能這麼說，因為這就是我心裡的感受。我不想再多等一秒鐘，因為我不僅已經失去耐心，同時也對犯了這種低級錯誤（預訂轉機航班）的自己感到不悅。於是，我們從這座機場搭乘Uber到另一座機場。一路上，我們幾乎沒有說話，因為我妻子對我這個不智之舉感到不開心。我看見她一直在看手機，不知道她在做些什麼。後來我才明白，那時她正在確認班機狀況，藉此衡量我這個不顧現實資訊與數據、沒有經過邏輯思考的決定。我心想：「嗯，這不公平。」這個決定純粹源自於焦急與衝動，用邏輯來評價它並不公平。在某種程度上，她好心地讓我知道，我無法等待的那班飛機其實已經起飛，而且將會比我們乘坐的這輛Uber更快抵達目的地。

「你現在高興了嗎？你無法等待的那班飛機已經修好，並且起飛了。」

「是的，我很高興。我是說真的。我花了很多錢，我選擇了比較不安全的旅行模式。要是我聽我漂亮老婆的話，我會更快回到家，但神奇的是，我很開心。」

在這個案例中，我讓我的情緒享有最終決定權。倘若我先彙整這些情緒裡蘊含的訊息，我就能獲得一些寶貴的資訊：

- 因為預訂了轉機航班，我對自己非常生氣。
- 我想處於移動狀態，因為待在原地會令我感覺焦躁、無助。老實說，我們都認識這種人。對他們來說，移動比方向更重要，所以寧可一邊開車四處繞，一邊希望有某樣東西「喚醒」他們的記憶，也不肯停下來查看地圖或打開導航app。

倘若我反覆檢視自己的情緒，我就會明白：

- 即便我因為自己預訂了轉機航班而感到憤怒，那時的我已經改變不了什麼。我能做的事只有學到教訓，還有以後小心一點、不要再訂到轉機航班。
- 即便移動會使我的心裡好過一些，和留在原地等待相比，這麼做恐怕不會讓我更快到家。這只是漫無目的的移動而已。

假如我讓我的情緒（惱怒、焦躁、不安）扮演證人，而不是裁判的角色，我就會察覺這些「證詞」的矛盾與荒謬之處，並聽泰芮的話，而不是固執己見地改搭其他交通工具。事後看來，當時我應該選擇留在機場航廈、坐在我妻子身邊，然後在他們修理飛機的同時，不停地碎碎唸。

這次機場事件隱含了這樣的訊息：移動不見得具有意義與建設性。是的，搭乘Uber的我確實「開始」了某樣新事物。我們在移動，我們在改變。然而，儘管這樣的移動使我不再那麼無聊，這並不是最明智的選擇。

當你決定嘗試某樣新事物時，你的情緒會讓你的生活變得更多彩多姿。

當你決定開始一份新工作時，心裡的那股熱情將證明這份工作很適合你。當你不確定是否該在一段關係中進一步採取行動時，這可能是在提醒你有一些沒有注意到的問題。當你在家感覺無聊時，這也許會使你更確信應該出門認識新朋友。從學校畢業後的傷感，則可能會讓你慢一點決定未來的路要怎麼走。請聆聽你的情緒，這些情緒囊括了非常重要的資訊，它們可以幫助你在兼顧身心靈的情況下做出每個決定。當你在根據理性進行決策的同時，聆聽你的直覺與情緒，你就能掌握更多資訊，以此建構完整的未來藍圖。

開始新事物

「展開新事物」這樣的重大決定，需要勇氣、膽識，以及審慎考量。當你在衡量是否要進行某項新嘗試時，請把你人生的最終畫面放在心上。我們越是仔細思考我們對成功的定義、預先設想最壞的狀況、擬定應變計畫、理性地傾聽自己的夢想，並且聆聽內心的恐懼與情緒（但不讓它們掌控我們），我們這一生的最終總結就會越鏗鏘有力。

當你嘗試某樣新事物時，請思考以下三個問題：

1. 這項計畫如何支持我的人生願景？
2. 我是根據現實資訊與邏輯思考做出決定，還是讓情緒主導一切？
3. 這個決定是否限制或阻礙我追尋其他夢想？

PART **TWO**

留下

Stay

06

留下來
繼續耕耘

決定留在你目前所在的地方，而不是追尋另一個夢想，感覺像是安慰獎。但留下來不只是繼續走某條路而已，這麼做也是讓你盤點現況、設法擬定更好的目標，並且對你最初的決定投注時間與耐心。

忠於自己的選擇

讀大學時，選課一直是我很期待的一件事。想安排這樣一份課表——早上完全沒課、可以利用休息時間觀賞電視劇《我的孩子們》，而且不會和下午的校內體育活動衝突，需要極為高超的技巧（尤其是還要不讓父母發現這一點）。我花在選課上的時間，遠比實際上課的時間來得多。

時至今日我都還記得課程目錄裡的條目說明。那堂課的名稱是「ＢＬ」，上課地點則是在我住處附近的學生會大樓。這堂下午的課不僅一星期只有一次，和校內體育活動或電視劇的播出時間也不衝突，完全符合我選課的必要條件。

我認為打保齡球（bowling）應該會很有趣，這門課應該可以很輕鬆就拿到「Ａ」，讓我藉此提高「成績平均績點」。這正是我迫切需要的！我於是選了這門「ＢＬ」，然後在上課第一天走進學生會大樓，但地下室的保齡球館空無一人，於是我四處尋找答案。上課日期、時間、地點明明都是對的，一定是哪裡弄錯了。

我找到一張告示，說這堂課在對街的另一棟大樓裡集合。保齡球課竟然不在保齡球館上課，這令我覺得很奇怪，然而當時我的推理技巧還不是很好。我按照指示走到對街，找到那間正確的教室，然後走了進去。

請仔細回想，你這輩子遇過最糟糕、最丟臉的事，或最尷尬的處境。也許是你問一名女子是否懷有身孕，結果她其實並沒有懷孕。也許是你問某人，他的某個家族成員過得如何，結果經對方提醒才想起，這位家人幾年前就已經去世，而且你還參加過葬禮。不過，以上這些和我剛才做的事比起來，全都是小巫見大巫。

原來，「ＢＬ」這個縮寫代表的不是保齡球，而是芭蕾（ballet）！此時，十幾名年輕女孩，還有一位男性教練出現在我的眼前，他們全都身穿芭蕾舞衣。我走進教室、做了一個非常優雅的「趾尖旋轉」，接著隨即朝門口走去——所有動作一氣呵成。

「年輕人，你沒有走錯教室。」那位教練大喊道。這時，教室裡的每一雙眼睛都盯著我瞧。「你是哈羅德．高迪嗎？」他問道。我應該要回答：「我不是。」我應該要說「我身體不太舒服，必須緊急就醫」，然後頭也不回地離開，但我並沒有這麼做。我說：「是的，老師，但大家都叫我特雷。」天啊，我到底做了什麼事？

那位教練魯迪是個好人。他說，如果我留在班上，他保證我將會獲得「A」的成績。

「嗯，魯迪老師，」無力擺脫窘境的我這樣回答，「我沒有適當的服裝，而且對芭蕾也一無所知。」

但他並不在乎。「孩子，這些都不重要。你可以穿你喜歡的衣服，我會負責教導你必須知道的一切。」

我很慶幸，最後我選擇留下來。近四十年過去，我和這個班上的同學依然保持聯繫。我也還記得芭蕾舞的五種基本姿勢——儘管試圖做出這些姿勢時，我的全身都會痠痛，同時著名的俄裔美籍舞蹈家米哈伊爾·巴瑞辛尼可夫（Mikhail Baryshnikov）也會忍不住大叫：「請不要再這麼做了。」除了提高成績平均績點以外，留在那個芭蕾舞班上還使我明白幾件事。我了解到，忠於自己的選擇、挑戰自我，以及當事情不如預期時，不選擇逃跑有多重要。

有時候，某個決定的結果會和你原先想像的不太一樣：你新工作的每星期工時是六十個小時，但員工享有的自主權卻很低。你領養的狗照顧起來比原本想像的更麻煩，即便牠很可愛，也無法完全彌補你的辛勞。有時候，你選了保齡球課，結果卻發現那其實是芭蕾舞課。

不斷嘗試新事物的問題在於，它們不會長保「新鮮」。隨著時間過去，這些新事物所帶來的興奮感與新鮮感會逐漸消失。當某樣東西不如預期時，無論那是一份工作、一間房子，還是一段關係，我們很多人都會感到懷疑或不安，於是又想重新嘗試其他「新」事物。然而，總是選擇開始新事物、沒有留下來繼續耕耘，我們將不會獲得顯著而持久的收穫或成長。你可以藉由留下來，證明你能忠於自己的選擇——儘管那份工作、那堂課或那段關係不如你所想。

我之所以留在那個芭蕾舞班上，不是為了任何人，而是為了我自己。事實上，根本不會有人注意到、在乎或記得這一點。但我很在意——我能否堅持做一件事，即便這件事出乎意料之外，甚至一開始有點令人討厭？我能否讓自己刮目相看？

在我們的一生中，與其向旁人證明一切，我們更應該重視我們如何看待自己。我不是一名跑者，因此我無法理解跑馬拉松有何感受，但我的內心確實充滿懷疑——你跑到很累時可能心想：「跑這該死馬拉松的人是我耶，如果我中途停下來、改用走的，或是選擇放棄，除了自己以外又不會影響到任何人。誰有資格批評我沒有堅持下去？跑到抽筋、腳起水泡的人又不是他們。」你是對的。這一切不是為了任何人，單純是為了你自己。和其他人的意見相比，你應該要同樣看重（甚至更重視）你對自己有何看法。

就算某個決定的結果不如預期，選擇留下來會幫助你變得更有耐力。這樣的耐力將會陪伴你度過蜿蜒曲折的旅途，直到人生的終點。我們越常改變路線、試圖走捷徑，以及避開某些小麻煩，我們越有可能會迷失方向，而且不確定該怎麼回到正軌。對自己的選擇投注更多心力（即便它不符合我們原本的期待），往往會帶領我們抵達所期望的那個目的地，同時在這段過程裡，使我們變得更了解自己。

難能可貴的經驗

一生中，你將會有很多改變路線的機會。然而，這並不保證，下一個選擇就會符合你的預期。倘若你努力堅持下去、為它多花一點時間，你也可能會一輩子記得芭蕾舞的五種基本姿勢（或其他更實用的東西）。

堅持做某份工作、從事某項嗜好、學習某種樂器，或維繫某段友誼的另一項好處在於，你可以獲得寶貴的經驗（這不是你光用想的就能得到的東西）。

在我們剛出社會、開始找工作的那段時間，我們經常會在招聘資訊或拒絕信裡看到「我們想找有經驗的人」。當我在應徵「聯邦檢察官」時，我聽過很多次這樣的話。「我們想找有出庭經驗的人。」這種話千篇一律，每次我聽到時的反應都是：「如果你們不願意給我機會，我又要怎麼獲得經驗呢？」我們可以學習各種知識與技巧，也可以仿效他人堅持不懈，但經驗需要時間的累積。因此，假使你有機會累積經驗（哪怕情況不是那麼理想），有時光是這一點就值得你繼續堅持下去。

實際上，當我在巡迴法務官辦公室和國會從事招募工作時，我會對那些頻繁換工作的應徵者有所顧慮（即便這些跳槽都被視作升遷）。具備經驗通常意味著穩定性，而穩定性則代表著可靠性與忠誠度，忠實可靠是很棒的性格特質。

由此可見，留下來繼續耕耘不僅能讓你得到寶貴的經驗，同時人們也會覺得你非常可靠。正因為如此，人們很可能會在你這一生的最終總結中，給予你這樣的好評價：你很忠誠；當別人選擇離開時，你卻決定留下來；你沒有棄船逃跑。請思考一下，當你遭遇緊急狀況時，你會尋求誰的協助。哪些人會丟下手邊的事前來幫助你，儘管這會對他們造成不便？現在，我希望你再思考一下，誰會在遭逢同樣的困境時尋求你的協助？哪些人會覺得你堅定、可靠、信守承諾？

是的，我們喜愛新車的氣味；我們喜歡拆下新推桿握把外頭的塑膠套，或聆聽打開一罐新網球的聲音，這些都是很合理的事。但在跟某個好友握手時感到親切，或是聽到某個人說「他們曾經有更好的機會，卻沒有選擇離開我，我將永遠心存感激」，也是很美好的一件事。

你唯一能獲取經驗的方法，就是留在你目前所在的地方，並練就讓你脫穎而出的技能。藉由累積經驗，你將擁有知識與信心（這正是你之後投入新事物時必須具備的）。同時，周遭的人也會因此明白，你並非總是在尋找更好的選擇（你會在同一個地方長期耕耘）。

放眼全局

二〇一六年，我結束了一項引發廣泛爭議的眾議院「班加西事件調查」。緊接著，我又開始另一項「通俄門調查」。（當時，有人指控川普總統和其競選團隊與俄羅斯勾結，藉此干預二〇一六年的總統大選，是謂「通俄門案」。）時任眾議院議長的保羅・萊恩把我放進「眾院情報委員會」裡，該委員會針對「通俄門」案展開調查。這一切實非我所願，但這顯然是命運對我的懲罰。

這類調查需要像雪莉雅・克拉克這樣擁有豐富經驗與敏銳洞察力的調查

人員。她的學經歷與法律專業讓她成為協助情報委員會調查「通俄門」案的不二人選。當時，她申請取得資深法務調查員的職位，並為此尋求我的建議。

我知道雪莉雅經驗非常豐富，站在我個人的立場，我很希望她能加入我們的調查團隊。因為她既聰明又認真，而且我們過去曾經一起工作，我不僅對她很熟悉，也很信任她。她對我和情報委員會都會是很大的幫助。但當一個人向你尋求建議時，你有責任無私地提供他最好的忠告。

我不認為，從長期來看，接受這個職位會為雪莉雅帶來好處。華府的政治生態十分粗暴，而這些具高度爭議性的調查更是加劇了這種情況。因此，我的建議是放棄它。「一開始，當這場調查引發熱烈關注時，事情會變得很棘手，」我這樣告訴她，「但我覺得，你應該放棄這次機會、留在你目前所在的位置上。擁有好名聲的你，大可不必捲入這場可能會歷時數年的政治鬥爭。」我明白，在其他國會山莊職員看來，要放棄各種頭銜與晉升機會，是極其困難的事。她已經在國會山莊工作了近十年的時間，那是一個非常注重頭銜的地方。人們往往會以你名片上的頭銜來評斷你。所以，放棄晉升機會可能會使旁人質疑你的動機、企圖心與戰鬥力。

那也無所謂。「他們看的只是片面，」我如此告訴雪莉雅，「你要看的是你在華府的整段任期，而不只是其中某個片段。」她這一生的最終總結將包含「受人尊敬」與「懷抱信念」。她曾經在眾院紀律委員會任職，並贏得朝野兩黨的尊敬。

她不僅成功度過了班加西事件調查，甚至還與委員會中的反對黨職員建立良好的工作關係。人們會用「公正」、「專業」、「謙和有禮」這樣的字眼來形容她。極具挑戰性的班加西事件調查並未使她的名譽受損，但她恐怕無法順利度過接下來的「通俄門」案調查（無論她的動機或人品有多純良）。懷抱信念是她很重要的一項人格特質。然而，此時的政治氛圍十分險惡，要在國會領域步步高升，同時保有名聲與信念，是非常困難的一件事。這樣的指控很嚴酷，卻是千真萬確。

結果，雪莉雅並沒有接受這份工作。她選擇把焦點放在她的長期理想上。（倘若她在情報委員會任職，這個理想將會受到嚴重影響。）事實上，她最後澈底離開了華盛頓特區。在我認識她的這八年裡，我不曾聽過朝野兩黨有人對她提出負面評價。這就是所謂的「綜觀全局」。

同樣地，你也會面臨抉擇——人們會告訴你，那是一生一次、千載難逢的好機會。當你面臨這樣的抉擇時，請思考一下，從長期來看，什麼是對你最好的選擇。請放眼全局，而不要只看片段。請努力建構大局（哪怕你做的不是人們認為你應該要做的事）。

此外，你也必須思考，選擇離開能否帶領你更接近你所期望的人生最終總結。有時候，隨著年歲漸長，思考將來人們會怎麼記得我們，以及我們可以如何造就這樣的印象，是比較容易的一件事。然而，我們沒有理由等到中年，才理解「精神遺產」這個詞所代表的意涵，或思考我們將留下些什麼。當我們年輕時，我們確實不該老是想著自己的人生會怎麼結束。但我們越早明白我們想達成什麼目標，以及希望人們怎麼記得我們，我們就越容易知道，何時該留下或離開。

留下來也是一種前進

留在原地不只是一種防守。我發現，選擇留下來其實往往能讓你更自由地構築你的未來。

不管你現在置身何處（哪怕你的處境不是那麼理想），我都會鼓勵你，坦率地和自己進行對話。在對話的過程中，你應該至少問自己幾件事。你想離開的地方是否真的令你感到困擾？我們必須誠實地捫心自問：「你之所以想離開某份工作、某段關係、某所學校或某個城鎮，是因為外在因素使然，還是你真的想改變自己的某個部分？（你想改變日常習慣、環境或居住地，是否是在避免和自己進行深層對話？）」、「你是否受到腎上腺素或刺激感的驅使？」我的意思是，你是否愛上了嘗試新事物所帶來的興奮感與新鮮感？你是否曾經公正地審視自己目前的處境？

我們所有人都曾經遇過這樣的狀況：在學校裡、在派對或教會活動上、在順道拜訪朋友時，跟我們交談的那個人不停地回頭或東張西望，看看附近是否有「更好」、「更可愛」或「更有趣」的人出現。請恕我直言，我們自己可能也做過一、兩次這種事。或者當我們坐在我們無法自由選擇的飛機、辦公室或教室座位上時，我們就是知道，我們和坐在附近的那個人之間沒有任何共通點。但真的是這樣嗎？我們是否曾經給這段關係一個機會？我們是否只從外表評斷，而沒有花足夠的時間深入了解？

我們目前的狀況「感覺」不理想、不符合我們對快樂的期待，或是我們不覺得工作內容具有挑戰性、對自己有所幫助，不代表情況一直會是如此。給它一個機會，給它一些時間。假使你因此改變心意，你可能會感到「吃驚」。我就曾經對自己說過一、兩次：「嗯，我會去做。若之後情況有任何轉變，我將會非常驚訝。」

事情通常都會發生改變（即便有時並非如此）。而且，我因為選擇留下來而獲得了某些好處。

1. 努力堅持一段時間。

這段時間可能是一個月、一個學期、一年或五年。但如果總是三心二意、無法堅持，我們永遠都無法真正投入。你永遠都可以重新評估某個決定，但如果可以的話，請盡量給它一些時間、讓其中的所有機會得以顯現出來。

2. 尋找培養技能或挑戰潛能的方法。

無論你是在學習做菜、被交付新的工作任務，還是試圖化解一段關係裡的衝突，你都會面臨一些挑戰。這些挑戰會令你感到陌生或不安。請把它們當作了解自己、他人或周遭世界的機會。你將得到寶貴的經驗、不會白費功夫。

3. 判定在你目前的現況中，是否包含了你人生最終畫面的某些片段在內。

此時此刻，在你生活的各個層面，有哪些活動正在幫助你建構這一生的最終總結？在目前的現況中，你是否看見你人生最終畫面（你想達成的目標，以及你希望留下的精神遺產）的某些片段？

我想，你的答案應該是肯定的。我會鼓勵你特別留意這些部分，同時在你目前所在的地方，設法尋找其他能進一步推動你夢想的機會。因為選擇留在芭蕾舞班上，我得以保有夢幻課表，並且在這段過程中變得更了解自己。在大學四年裡，和其他修過的多數課程相比，我對這堂課的印象更加深刻。

唯有懷抱耐心、持續努力、堅持不懈，夢想才有可能變成現實。請堅持下去，直到它們獲得充分發展，或你的主要夢想發生轉變為止。不要聽從你的每一個衝動。有時候，不改變才是最好的決定，改變不見得會帶來進步。留下來可能會很無聊、辛苦、艱難，但請記得，你正在建構的事物將會成為你的精神遺產。我發現，這往往會使留下來的選擇變得很值得。

07

優先順位的重要性

優先順位可以幫助我們保持理智。當我們有明確且不可撼動的優先考量順序時，就能把某個決定的所有面向（包括推動我們前進的那些理想、各種利弊得失、風險與後果）一併納入考量。即便有某樣新奇、誘人的事物在召喚著我們，優先順位會決定我們的著眼點，並促使我們留在原地。

有時候，慢點起飛比較好

我發現，那些最危險的夢想往往會讓人對它們的潛在可能性感到著迷，導致冒不必要的險。我們會試圖迫使夢想實現，因此忽略某些現實資訊，同時為了追尋這個夢想，把優先考量的事物拋諸腦後。當我們的夢想與優先順位相互衝突、彼此矛盾時，我們在做決定時必須特別謹慎。我曾經在欠缺深思熟慮的情況下，一味地追尋某個目標，在這段過程中，差點因此失去很多重要的東西。

那時，剛從法學院畢業一年的我，負責擔任聯邦地方法院法官的書記員。我意識到自己真正想做的事，就是成為一名在聯邦檢察官辦公室工作的「聯邦檢察官」。聯邦檢察官辦公室的職缺很少，但確實還是有的。在擔任法官書記員的第一年裡，我的夢想完全無法實現，每次有職缺出現，最終錄取的都是比我有經驗、人脈也比我廣的人。然而，我並沒有放棄。那些在聯邦檢察官辦公室從事招募工作的人，想找的是經驗豐富的庭審律師，但我不可能瞬間就變得更有經驗。

儘管我無法迅速累積經驗，但肯定能努力拓展人脈。我和聯邦法官與深具影響力的律師碰面——他們可能會在聯邦辦公室的相關決策者面前，替我美言幾句。我很清楚地告訴他們，如果有開缺的話，我願意搬到南卡州的任何地方。

由於這件事遲遲沒有進展，我決定擴大求職範圍。我寫信給美國各地的聯邦檢察官辦公室，希望他們有任何職缺時，可以把我列入考慮名單。我並非隨便做出這個決定。我的妻子泰芮在我們的家鄉——南卡州斯帕坦堡出生、成長，然後進入斯帕坦堡的康佛斯學院就讀。我們的父母親都住在這裡，我們這輩子都在同一間教堂做禮拜。斯帕坦堡是我們兩人唯一的家鄉，我們原先都希望能在這裡撫養孩子長大，但那時我一心想成為一名「聯邦檢察官」，甚至願意為此捨棄這一切。

我還記得一九九三年的某個晚上，為了將履歷表寄給全美國的聯邦檢察官辦公室，我拚命在信封上寫上收件地址。泰芮則站在火爐邊，利用高溫將亮粉牢牢固著在她親手製作的聖誕卡片上。我還記得，那時的她很開心，而我則為了郵寄履歷表給這些未曾謀面的聯邦檢察官，陷入漫長的苦戰。

但到最後，我終於獲得了回音！位於科羅拉多州的聯邦檢察官辦公室回信給我，並安排了一場電話面試。那場面試進行得很順利，於是他們要我飛到科羅拉多州首府丹佛，跟他們的刑事司主任進行現場面試。這一切看起來很有希望，我只要在現場面試時有好表現即可。

當我坐在登機門前、等待登上飛往丹佛的飛機時，是我最接近夢想的時候。不幸（或幸運）的是，此時的我有非常多時間，我坐在登機門前，把頭靠在椅背上，然後抬頭盯著天花板看。

「你在做什麼？你真的要在沒有熟人的地方工作嗎？你要讓泰芮離開她熟悉、熱愛的一切嗎？你要告訴你媽，她必須到科羅拉多州，才能見到她的孫子嗎？你正在強迫你的目標成為現實。」

「倘若你取得並接受這份工作，你可能會感到新鮮、刺激一陣子，但接下來呢？這份工作本身是否足以彌補你所捨棄的一切？你拋棄一切，只為了說你終於實現一直以來的夢想，這樣是否合理？為什麼你忽視自己擁有的一切，然後用你尚未擁有的這樣東西來評斷自己？」

「你應該要想想你生命中其他美好的事物。這個夢想不值得犧牲你在乎的那些人。現在，你應該重新調整你對成功的定義，尋找另一個夢想，或者學會耐心等待。但這件事已經結束了。」

於是，我站起身來，拿起公事包，然後朝我的車子走去，直接開車回家。我打電話到那位面試官的辦公室，並留言給他，謝謝他給我這個面試機會，同時向他說明，這時的我不考慮搬到科羅拉多州。（是的，說這種話讓我覺得自己像個白痴，因為這份工作一直都在科羅拉多州——不管是在我投遞履歷、進行電話面試，還有預訂機票時，這一點都沒有改變過。）

接著我試圖安靜地換衣服，然後上床睡覺。但我妻子就像是喝了紅牛能量飲料的特種部隊狙擊手，立刻睜開眼睛問道：「發生什麼事了？」

「我不能這麼做，寶貝。我就是不能這麼做，這裡是我們的家，我不能離開。」

人生實在很幽默，原本要在丹佛面試我的那個人後來變成我的朋友兼同事。他其實不太記得曾在深夜接到某位應徵者的取消電話，電話那頭的仁兄終於搞清楚要接受科羅拉多州聯邦檢察官辦公室的工作，就表示要搬到科羅拉多州生活。

我之所以記得很清楚，是因為在那個夜晚，我學到了非常寶貴的一課——選擇留在你目前所在的地方有多重要。倉促行事，迫使你的夢想、理想與目標成為現實，很可能會嚴重排擠你人生中的其他優先事項。

我曾經看過不少人因為想擁有自己的房子而選擇購屋，即便對他們來說，這並非最好的財務決策。我看過有人買下超出負擔能力的房子，只因為那是他們「夢想中」的房屋。我也看過伴侶硬要在一起，因為他們認為擁有「婚姻」之名的重要性遠勝過一切。我也看過還沒準備好就太早生小孩的伴侶，他們往往在有了孩子之後才發現，儘管小孩很可愛，但隨之而來的是讓人難以招架的哭鬧和徹夜未眠。

你要如何確定，自己是不是正在強迫某件事發生？你又要怎麼知道是不是該留在原地就好？

有時候，為了判斷你是否因為過於固執而無法理性思考，導致讓夢想勝過一切，你必須自我反省，並進行心靈探索。請問問自己，在你的目標背後潛藏著什麼渴望？你渴求的是愛、安全感，還是某種形象？得到這樣東西是否比你的財務、關係或情緒穩定來得更重要？從長期來看，把你的夢想放在第一順位能否使你變得更成功？或者這麼做會讓你犧牲目前擁有的一切？

當你用優先順位來衡量某個決定時，看看你的周遭、想想你生命中的美好事物，是很有幫助的一種做法。如果你發覺，這些事物比那個夢想更重要，這時你應該選擇留下來。

相容性測試

我經常回想這個不參加第二次面試的決定，並且思考，假使我承接了這份在科羅拉多州的工作，會造成什麼結果：我的孩子不會和他們的祖父母這麼親近；為了充分把握可以返回家鄉的機會，我應該會花數千美金在機票上。此外，我和妻子也不會跟我們的朋友如此要好（他們就像我們的家人一樣）。

有些人會說，這樣的行為是「活在過去」或「事後諸葛」。對我而言，這是一種教訓——不經一事，不長一智。當然，要打那通丟臉的電話是很困難的事，但和為了追尋夢想，犧牲我的妻子以及在家鄉的幸福生活相比，這根本不算什麼。我寧可打給陌生人取消面試，也不要打電話告訴我母親，她的孫子即將搬到科羅拉多州。

幾乎所有的決定與選擇都包含了犧牲，你必須為此放棄某樣東西。假如我接受了在科羅拉多州擔任「聯邦檢察官」的工作，我就必須犧牲另一個夢想——和我的家人保持親近，同時在南卡州將孩子撫養長大。反之，我只是暫時放棄得到夢想工作的機會而已。

幾年後，我還是成為一名「聯邦檢察官」，而且是在我的家鄉南卡州。我多繞了一點路。那段期間，我寫了更多封信、有更多同事協助我，同時我也付出了更多耐心等待。但我非常慶幸，那時自己沒有接受那份在科羅拉多州的工作，而是選擇待在原本的地方。留下來使我的人生規劃與優先順位得以不受影響，而這麼做只是讓我的其中一個夢想慢一點實現罷了。

當你在幾個重要選項之間猶豫不決時，仔細審視你的優先順位，是很重要的一件事。請將你生活的各個層面——人際關係、職業、教育，以及物質、精神、情感等個人層面一併納入考量。決定開始、留下或離開，會對你在這些領域的健康狀況產生什麼樣的影響？對你來說，哪一個部分才是最重要的？你最重視的是，你和親友之間的關係是否健康，還是能否在工作中獲得成長？

在人生的不同階段，你將會發現你的優先順位有所轉變。那也無妨。然而，若是你只關注某一項正面因素，而忽略其他負面因素，這種衡量人生的方式就太過偏頗。你必須確認，你沒有為了在某個領域獲取某樣東西，在另一個領域犧牲太多（尤其是那種東西只是一時的）。決定本來就會伴隨犧牲，因此請好好思考，你願意犧牲哪些部分，以及哪些部分是你不想妥協的。

即便你可以展開某樣新事物、實現某個夢想，這並不代表，你必須立刻或用盡全力追尋它。你可能會心想：「倘若我對成功的定義是勇於嘗試，為何不追尋所有的夢想？」答案是：因為這些夢想通常都相互衝突。你恐怕無法同時追尋所有的夢想，因為這不是不可行，就是對你有害。你往往得做出選擇。

請思考一下，追尋某個夢想會帶來哪些結果。這不僅是為了你和所愛的人，同時也是為了你的其他優先事項、夢想與規劃。假使你既想成為一位世界知名的外科醫生，也想開一家麵包店，兩者之間可能會彼此衝突。這並不代表，你沒辦法達成這兩個夢想，只是你可能無法同時將它們付諸實現。假使你既想獨自環遊世界，也想結婚，這兩個夢想是相互衝突的，你沒辦法同時將它們付諸實行。

有時候，夢想（特別是那些可以實現的夢想）可能會排擠到我們的優先事項。在衡量要留在你目前所在的地方，還是要離開，然後開始某樣新事物時，請仔細審視你的優先順位。在你人生的最終畫面裡，哪些夢想是前景，哪些夢想則是背景？哪些夢想必須在現在，而不是之後實現？你的眼前有哪些機會？你可以同時追尋哪些夢想？哪些夢想彼此衝突？

在機場等待飛往丹佛的飛機時，我意識到，也許還會有另一個成為「聯邦檢察官」的機會出現（儘管這在當時似乎不太可能）。然而，倘若我們搬到美國的另一端，我們將永遠無法彌補那些遠離家人的時間。

在進行決策時，請將以下項目納入考量，以便公正地排定你的優先順位：

- **他人：**這個決定會對其他人造成什麼樣的影響？會為他們帶來什麼結果與好處？這些結果與好處只是出自於你的想像，還是你已經跟會受到影響的那些人談論過這個話題？

- **機會：**這是否真的是千載難逢的機會，它將帶領你朝人生的最終總結邁進，還是未來還會有其他機會？你所擁有的手段與動機是否符合這個夢想？
- **目標：**這個夢想是否符合你這一生的最終總結？它是否符合你對成功的定義？
- **風險：**這個決定隱含了哪些風險？是否有方法可以減輕這些風險？它們只會影響到你，還是也會對其他人造成影響？
- **犧牲：**假使你在這時候追尋這個夢想，你會犧牲哪些機會？因為將它付諸實行，你捨棄了哪些東西？原則上，你需要投入的時間越長，你就越應該權衡這項因素。基於軍事、合約關係等形成的責任，對投入時間有其規範、將使你很難抽身。你是否已經澈底思考，在這段過程中，這個選擇感覺將會是如何，而不只是你此刻對它有什麼感覺？
- **代價：**從時間、心力與金錢來看，追尋這個夢想會讓你付出什麼代價？對你來說，這樣的代價是否值得？

當你在面臨轉折點時（無論是現在，還是之後），請根據上述項目，仔細思考各種選項，並蒐集與這些選項有關的資訊。請特別注意，我們的夢想可能會使我們產生盲點。在追尋某個夢想時，我們會和它產生情感連結，因此放棄了其他夢想——經過冷靜思考，這些夢想可能會為我們帶來更多好處。我們都是平凡人，在面對這些影響我們的決定時，不可能做到百分之百客觀。我們所做出的每個決定都隱含著我們自身的各種渴望、情緒與恐懼，這並不是一件壞事，但我們必須特別留意。蒐集各種現實資訊，將幫助你從各種角度看待這個決定。如此一來，你就能綜觀全局（包括各種缺點）、為自己鋪設更多可行的路，而不是讓自己陷進死胡同裡。

忠於自我

瑪麗—蘭斯頓．威利斯．唐恩是我和妻子這輩子非常喜歡的人之一。直到我快離開華盛頓特區之前，她都和我一起工作。在華府，她的工作被稱為「時程規劃師」。時程規劃師要做的事不只是把行事曆填滿，而是掌管我們最寶貴的時間資產。時程規劃師負責管理各國會議員在華府和其家鄉選區的活動時程。他們接待訪客、規劃各種行程、確保我們能出席投票與委員會聽證會。此外，他們也和國會人員的配偶與家庭成員保持密切聯繫，這樣一來，我們也有時間可以處理家庭事務。我的老友兼同事曾經這樣描述時程規劃師所扮演的角色：「他們的任務在於，確保你不會想辭掉你的工作。」隨著時間過去，我完全能理解這句話代表的意涵。他們會在那些最糟糕的時刻提供協助。當你在最後一刻突然改變行程，或是面臨某種危機、必須搭晚一點的飛機，你都可以打給他們。

瑪麗—蘭斯頓自大學畢業來到華府之後，就一直擔任我的時程規劃師（儘管她曾經有非常多機會可以離開）。我是一個同時參與好幾個委員會，而且喜歡搭第一班飛機離開、搭最後一班飛機返回華府的國會議員。要替這樣的我安排行程，是極為艱難的任務。

在她開始這份工作之後，我發現只要對她下達一次指令，然後就完全不必過問。幾個月後，她就可以看著我的行事曆、自行做出變更。她是非常優秀的時程規劃師，能確保國會議員不會因為過度負荷而筋疲力竭。

二〇一八年十一月某天，瑪麗—蘭斯頓打電話給我。她很少做這種事，因此這表示她有很重要的事要找我商量。她獲得了一個工作機會——到某所頗負盛名的大學為他們的校長工作（其職務內容和她在華府的工作很像）。我認識那個給予她工作機會的人，他是你會希望自己的女兒可以替他工作的那種人。

當她在描述這份工作時，我不禁回想起我和約翰．雷克里夫在華盛頓特區帶她一起去吃午餐的那一天。華府的每個人似乎都想做和目前不同的工作，或成為不一樣的人。所以，我和雷克里夫這兩位頭髮花白的老牌調查員決定要弄清楚，瑪麗—蘭斯頓最想追求什麼人生目標，以便幫助她實現這項目標。

一開始，我們先詢問她，夢想中的工作是什麼。她的回答是：「我真的很喜歡幫助別人，還有我希望能和我尊敬的人一起工作，就是這樣。」我和約翰兩個人面面相覷，心想：「她是怎麼了？她想做的就只是幫助別人？有誰聽說過這種事？」我們不斷鼓勵她多說一點，而她則是不停地試圖改變話題，因為她不喜歡談論自己。她對金錢、名聲以及社會關注都不在意。她是發自內心地想要幫助他人，這就是她的信念所在。我和約翰花了整整一個小時的時間，試圖「協助」瑪麗—蘭斯頓進行職涯規劃，然後我們都放棄了。

那是我唯一一次主動提供瑪麗—蘭斯頓職涯建議。但此刻，她卻要我為她指引方向。「特雷，我該怎麼做？他能想到我真好，那會是一份很棒的工作。」

我一度說不出話來，這位和我形同家人的年輕人獲得了一個工作機會，她可能會因此離開我的生活。我雖然心裡不捨，但我說：「瑪麗—蘭斯頓，你應該去面試那份工作。他是一個很棒的人，那所學校也很棒，這是千載難逢的好機會。」

結果，她完全沒有採納我的建議，真是謝天謝地。我們回到南卡州之後，她又繼續陪伴著我。瑪麗—蘭斯頓斷定，留在前任僱主身邊能讓她實踐她的人生使命，也就是幫助他人。在我離開國會之後，她在我生活的各個面向（從電視節目、演講，乃至在大學教課）提供協助。但在這段過程裡，她也開始為格林維爾的年輕女孩提供課後輔導，並從中找到生命的熱情。她實現了她一直以來的夢想——幫助別人。她是對的，而我和雷克里夫都錯了，真的有人單純因為協助他人而獲得快樂，藉由留在自己的故鄉、和前老闆待在一起，她做到了這一點。在熟悉的舊環境裡，她開拓出全新的視野。

瑪麗—蘭斯頓的決定使我了解到，我們的優先順位能帶領我們更接近所期望的人生最終總結。即便如此年輕，她很清楚自己優先考量的事物是什麼，並以此篩選各種選項。她或許沒有事先規劃每件事，但她的這些價值觀讓她得以保持理智，同時朝自己所選擇的人生最終總結前進。

也許你腦海中描繪的道路還不是很清晰，抑或是你的夢想尚未完整成形。也許你優先重視的是某些特質，例如謙虛、正直或服務他人。儘管這些特質不像在某家公司工作、在家鄉建立自己的家庭那麼具體，當你面臨抉擇時，它們同樣是強而有力的引導。什麼樣的決定使你得以幫助有需要的人？什麼樣的決定可以讓你度過誠實且富有意義的人生？當你發覺自己在檢視，並衡量兩個以上的重要選項時，請把你最重視的這些特質放在心上。對這些優先事項深信不疑，將使你人生的最終畫面變得更加清晰，同時確保你走在正確的道路上。

08

衡量夢想的可行性

當衡量是否要繼續留在我們目前所在的地方時，我們必須以邏輯思考與情緒來制衡心中的夢想（但絕對不要讓這些夢想熄滅）。藉由將我們的手段、動機與機會一併納入考量，我們就能決定，該追尋哪些夢想。

午休時段的夢想

有時候，開始新事物是最好的決定，它能帶領你更接近這一生的最終總結。但其他時候，你想做的事或想成為的人會使你分心，或因其不可行而感到苦惱。聆聽你的夢想時，你必須誠實地面對自己，並且思考它們的可行性，因為這將會決定它們在你的人生中扮演多重要的角色。讓某件事停留在「幻想」階段是不錯的做法，這樣你就可以對日常工作保持專注。讓我充分理解這一點的人非菲利普．帕帕迪斯莫屬。

菲利普．帕帕迪斯是我小學、國中、高中和法學院的同學。他總是為每堂課做足準備，隨堂考似乎也都考得比我好，因此我知道，他是一個既聰明又認真的人。他身形瘦小，我不記得他在高中時有參加任何校內體育活動，也不記得他有參與教會的體育活動——那些喜歡運動，但能力不足以進入校隊的人會去參加這樣的活動。

從法學院畢業後的那個夏天，我和菲利普成為室友，並一起準備律師考試。菲利普非常用功，他給自己很大的壓力，彷彿考試結果影響的不只是他的職業生涯。他每天的作息是這樣的：早起的他會先針對申論題進行研讀。午餐時間，他會休息片刻，接著在下午針對選擇題進行練習。到了晚上，他則會在電視上尋找美國職棒芝加哥小熊隊的比賽轉播。直到現在，我都還清楚記得這樣的畫面：他窩在電視機前，一手戴著棒球手套，另一手則輕輕地碰觸手套，彷彿正等著電視上的投手投球給他。那時的他已經二十五歲，卻還像是個懷抱著夢想的孩子。

我的作息和他不同。當時，我和一些法學院的朋友參加了一個「夢幻棒球聯盟」。我們會在球季開始前碰面，然後針對職棒大聯盟所有可供選擇的選手進行「選秀」。每一支球隊的打者都會根據打擊率、打點、全壘打數與盜壘成功數等比項進行評分。投手則會依據防禦率、勝場數、三振數、救援數與「每局被上壘率」等比項進行評分。對我們這些法學院畢業的學生而言，這需要很多數學運算。此外，在每天報紙的詳盡比賽數據上方，都會刊載球員的交易讓渡名單，必須加以檢視。

相信我，要管理一支「夢幻棒球隊」得投入大量的時間與心力。所以我沒能花很多時間為律師考試讀書、寫模擬試題，或是做檢視比賽數據與球員讓渡名單以外的事。這就是我每天的作息。

我和菲利普優先重視的事物截然不同，但我們兩人的作息每天都會重疊一次。每到午餐時間，也就是菲利普中途休息時，他一定會來叫我起床。每次菲利普進入我的房間，我們的對話內容都一模一樣：

菲利普：「特雷，你起床了嗎？」

特雷：「嗯，還沒，菲利普，我還沒起來。現在才剛中午，誰會在這時候醒著啊？對了，你要是讀到律師考試中關於證據的內容，會看到『間接證據』，舉個例子，在某個漆黑的房間裡，有個人閉著眼睛躺在床上，那就表示他正在睡覺！」

菲利普：「噢，好啦，那等你起床時，我們就去學校玩一下傳接球吧。」

於是，我起床穿上網球鞋、拿起手套，然後沿街走到附近的國中、在操場上投球給菲利普。菲利普一直夢想成為一名大聯盟捕手。他沒有加入我們高中的棒球隊並不重要；小學畢業後十五年，他依舊維持著小學六年級的身高，這也不重要。我們都明白，他永遠都不可能成為一名棒球選手，但這是他的夢想，無傷大雅。對我來說，這只是沿著回憶的長廊，一步步走向斯帕坦堡希爾布魯克公園裡的老球場，讓我每天都能藉此重溫童年。對菲利普而言，則不只如此。在這個片刻，他的夢想彷彿歷歷在目。在這約莫一個小時的時間裡，周遭的時空驟然靜止、他的夢想再次浮現，然後他又會回去繼續寫更多律師考試的模擬試題。

對於那個因為備考而極度煎熬的夏天，我記得最清楚的，就是菲利普成為大聯盟捕手的夢想。我每次想起菲利普，都還能聽到那顆棒球落入手套裡的聲音，並且看見他窩在我們租屋處的小房間、等著電視上的投手投球給他。這使我想起夢想所具備的強大力量——這股力量足以讓時空靜止。

如今，這是我唯一能做的事——惆悵地回顧和這名嬌小捕手一起度過的時光。菲利普在四十五歲時突然猝死。只要想起菲利普和他的棒球夢，我的內心總是悲喜交織。這個夢想永遠都不會實現，理性層面的我會說：「何必浪費時間？」但話又說回來，它確實已經實現。這也許和其他人付諸實行的方式不同，但那年夏天每天的午休時段，都是他夢想成真的時刻（至少他心裡是這麼想的），也許這才是真正重要的事。

在一九八九年的那個夏末，我和菲利普都通過了律師考試。接著，他成為一名律師，這是他大學時期就決定要從事的工作。他建立了自己的家庭，工作表現很出色，足以供一家人溫飽——儘管這一直都不是他最想做的事。夢想的力量在於，它們讓我們有理由懷抱希望，即便它們根本不可能實現。

旁人在聽到菲利普的故事後可能會說，他沒有追逐自己的夢想。在我看來，這樣的說法並不正確。他之所以沒有全心全意追尋成為大聯盟捕手的夢想，是因為實現的機率實在太低。他很清楚這一點，然而，他還是默默地把這個夢想放在心裡，同時去追尋其他比較有可能實現的夢想。

我過去經常感嘆，有些人缺乏自我覺察，因此不明白他們的夢想根本不可能實現。無論你曾經在當地劇院演出多少角色，要成為世界知名的演員機會都很渺茫。無論你在讀小學時，有多少次在下課時間舉行的甄選中，第一個獲選進入足壘球校隊，要成為職業運動員的可能性都是微乎其微。但如今，我不再因為其他人懷抱天馬行空的夢想而感到惋惜。培育夢想是很重要的一件事——不管這些夢想有多荒謬，只要它們無傷大雅、只佔用午休時間就好。

這種遙不可及、無法實現的夢想，和深具挑戰性，但還在我們能力所及範圍的目標是不一樣的。自我覺察可以幫助你理解這樣的差異，並依此投入相應的時間。

手段、動機與機會

假使你有看過任何犯罪節目，你可能會聽過「手段、動機與機會」這樣的說法。為了讓陪審團做出裁決，犯罪案件必須根據這三個層面來定義、說明與舉證。這幾項要素也可以協助我們衡量夢想的可行性，同時在自我覺察的情況下做出各種決定。即便在理想狀況下，我們的決定不會涉及犯罪，它們還是有可能導致嚴重的後果。檢視每一項要素，並回答幾個和你自身有關的問題，你就能找出你應該堅定追尋的那些夢想。

手段

你具備哪些能力與天賦？你擅長哪些事？你擁有哪些能達成目標的手段？

我們每個人生來都具有某些天賦與性格特質。接著，我們會選擇，是否要在這一生中培養這些天賦。此外，我們也可以在某些領域練就原本所沒有的技能。了解你具備哪些「手段」（也就是你與生俱來，以及可以後天培養的那些能力）將幫助你取得成功。相反地，不清楚自己擁有哪些手段可能會讓你陷入難堪的境地。

動機

什麼誘因會驅使你前進？你對哪些事充滿熱情？什麼是推動你夢想的燃料？你想達成哪些目標？

可以透過思考你如何在人生中取得進展，來了解你自身的動機。請回憶一下你興奮地想完成某項任務的時刻。是什麼讓你有精力與幹勁這麼做？

辨別內在動機與外在動機，是很重要的一件事。內在動機是指你之所以做某件事，是因為它很有趣、令你感到愉快。我妻子很喜歡玩字謎遊戲，這是我無法理解的。

她喜愛重組字母帶來的挑戰，多年來，我們之所以訂閱本地報紙，都只是因為她喜歡玩字謎遊戲。我覺得，為了這個理由訂報紙是很奢侈的一件事。

但我不敢表示意見，因為這件事帶給她快樂。

外在動機是指你之所以做某件事，是因為它會導致某種「可分離的結果」，例如得到獎賞或避免懲罰。我經常在傍晚時到高爾夫球場，然後跟自己比賽。是的，我喜歡打高爾夫球，但我這麼做的主要動機在於變得更強。如此一來，下次我和朋友們一起打高爾夫球時，我就可以打敗他們。我會這麼做是因為受到外在動機的驅使、希望藉此獲得某種外部結果——向朋友炫耀。

我們的內在動機與外在動機往往相互重疊，但識別這兩者是非常重要的。這樣一來，我們才能清楚了解各種決定背後的原因。

機會

你目前擁有哪些機會？你有空閒時間，還是行程滿檔？你能否創造出時間或機會，以便進行某樣值得從事的新活動？手段與機會都可以自然產生，或者努力尋找與培養。然而，知道何時該把握機會、創造機會，以及何時不應勉強行事，是需要智慧的。

聖經《詩篇》裡有句經文說：「普天下當向耶和華歡呼！你們當樂意事奉耶和華，當來向祂歌唱！」不管寫下這句經文的人是誰，他都不曾聽我歌唱……某些聲音太吵雜，就連對上帝來說也是如此。

儘管如此，我的父母親還是覺得，讓我去參加教會合唱團是個好主意。我並不這麼認為，但那時的我還無法自己做決定，我馬上就被否決了。我心想，倘若我要被迫做自己不想做的事——加入教會合唱團，起碼我得成為主角，對吧？

當時教會的合唱團正針對一齣音樂劇進行甄選。輪到我試音時，我坐在團練室裡的鋼琴椅上。音樂事工團團長就坐在我的旁邊，他在鋼琴上彈奏某個音，然後要我把那個音唱出來，我照著他的指令做。我記得最清楚的就是這樣的畫面：他把他的手臂抬高、盡可能遠離那個琴鍵，並且在同一台鋼琴上彈出另一個音。他說：「不，特雷，你剛才唱的是這個音，我彈的是這個……」接著，他重新彈了一次原本的那個音。我們又試了一次，但結果並沒有改變。我每次試圖歌唱時，發出來的那個聲音根本不存在這個世界上。

於是，我回家告訴父母親，我已經參加角色甄選，但機會渺茫。他們的回應是，我必須「練習」唱歌，彷彿只要夠努力、夠渴望，就能具備一副好歌喉。我的確練習了，而且練得很勤，結果，我們的鄰居陸續搬家、我的姊妹們開始報警，就連我們家的玻璃都被震裂了。這實在太可怕了。我越是努力，情況就變得更糟。無論我有多「想」把歌唱好，這種事就是「不可能」發生。是的，我知道大家都會奉勸我們不要隨意使用「不可能」這樣的字眼，但它正是用來表明我能擁有好歌喉的機率。

雖然很令人遺憾，我不會唱歌是千真萬確的事實。我真希望我會唱歌。為了成為愛爾蘭搖滾樂隊U2主唱波諾（Bono）的和聲歌手，我願意付出所有。但想要擅長某樣東西，和真正擁有這項特長，是兩件不同的事。即便我有歌唱的動機，我既沒有這麼做的手段（我天生如此），也沒有這麼做的機會（因為無法加入合唱團）。就算我希望我這一生的最終總結能包含「擁有好歌喉」在內，也沒有任何證據可以支持這樣的論述。

我的妻子則正好相反。她非常有天分，每次不得不在公開場合演唱時，她出色的表現總是讓所有人都很納悶，為何她不常唱歌。

在我們結婚後不久，她就被邀請至我們這一區的地方團體、俱樂部或教會演唱。在答應這些邀約之後（因為她無法拒絕別人），她的內心就會立刻產生某種變化——充滿了恐懼、焦慮與擔憂。當演出日逐漸逼近時，這種狀況只會變得更嚴重。這是為什麼呢？因為她不喜歡在眾人面前唱歌！就是這麼簡單。儘管泰芮對唱歌很拿手，她卻不喜歡唱歌。她不僅具備手段，也擁有許多機會，但她卻對唱歌缺乏動機或渴望。

那兼具手段、動機與機會，會是什麼模樣？當你想做的事和別人要你做的事完全相符時，會是什麼樣的狀況？在我的人生中，曾經有過很多次這樣的經歷，在這當中，我有一次差點弄巧成拙。

我還記得在擔任南卡州的巡迴法務官期間，我面試了許多年輕人。其中有位應徵者最後的成果特別出眾。當時，我們在治安法院開了一個負責處理家暴案件的檢察官職缺。治安法院很重要，但這個檢察官的職位卻被認為是一份初級工作，因此為這個職位招募與留任檢察官是很大的挑戰。

當時，辛蒂．史密斯應徵了這個職位，由我和我的頂尖副手——副法務官巴瑞．巴奈特負責面試。辛蒂很友善，但我覺得她太過害羞。我說她「害羞」，是指她的電子郵件地址包含了她兩隻貓的名字！在我看來，她之所以這麼做，是因為她不喜歡跟人類交談。假使你不喜歡與人交談，是很難當一名檢察官的。

在面試的過程中，我們可以明顯感受到她想幫助家暴受害者的那股熱情。我還記得，在面試完辛蒂之後，我對我的副手說：「她不會是一名優秀的檢察官，但她確實有協助家暴受害者的熱忱。有時候，渴望比天賦更重要。」我們給了她一次機會，讓她在治安法院處理人際暴力初犯者的案件，但我並沒有把這件事放在心上。我曾經這樣想：「希望她能存活下來，和家暴案調查員和睦相處，並且和『家庭安全與強暴危機中心』的人合作愉快。但一切僅止於此。」

接著，我開始接到一些電話。起初，有警察打電話給我，問我是否曾經到樓下看這位新任檢察官出庭。然後，又有法官打電話給我：「你是否有機會看這位新任檢察官出庭？」接下來的這通電話，無疑激起了我的好奇心：「高迪，你有看過辛蒂．史密斯出席陪審團審判嗎？她表現得比你還要好。」

辛蒂從「害羞」的應徵者變成了一位頂尖的檢察官，在我們辦公室裡負責審理最重要的案件。她非常優秀，這有一部分是因為她與生俱來的能力（在面試她時，我確實錯估了這一點），但主要還是因為，她使自己成為最出色的庭審律師。她接受了她喜歡的工作，並且決定讓自己對這份工作變得得心應手。在我們錄取她之後，她就擁有了從事這份天職的機會、手段與動機。

我們往往不會同時具備這三項要素。有時候，你有做某件事的動機，卻沒有這麼做的手段或機會。有時候，你有做某件事的手段與機會，卻沒有推動你前進的動機。但倘若你三者兼備，你顯然正在朝你人生的最終總結邁進。這時，你已經有證據支持這樣的論述。

兼具能力與渴望

透過自我覺察來評估我們所擁有的手段、動機與機會，需要時間與不斷嘗試。但只要開始坦率地和自己進行對話，就會更清楚了解我們現在置身何處，以及要怎麼抵達所期望的那個目的地。有時候，這意味著對我們熱愛的事變得更拿手。有時候，這代表替自己創造機會。有時候，這意味著接受「自己永遠都不可能成為波諾的和聲歌手」這樣的事實。有時候，這代表你應該要留在你目前所在的地方、繼續投注時間與心力。

根據我自身的經驗，我可以很肯定地告訴你，假如你不喜歡衝突，那麼你可能不會喜歡政治活動。假如你喜歡的是鮮明的對比，而不是衝突，你可能可以成為一名庭審律師。假如你喜歡的是年幼的孩子，而不是青少年，你就不該在國中教書。這些都是簡單且顯而易見的原則，但很少人花時間誠實地跟自己交談，藉此了解自己的能力與興趣，以及這兩者之間有多相符（尤其是涉及職業時更是如此）。

如果你想參加甄選，請問自己幾個問題：

- 你覺得你的才能與天賦是什麼？
- 你是否喜歡你所擅長的事，或者你可以逐漸喜歡上它？
- 你如何評估自己是否擅長某樣東西？
- 你是否喜愛某種行業或職業？你是否已經對這種工作很拿手，或者你可以藉由努力學習與訓練變得對它駕輕就熟？
- 你喜歡自己的工作與否，是否對你很重要？

● 你願意，以及可以對那些不可能實現的夢想投入多少時間？你能否像菲利普那樣，利用午休時間追尋你的夢想？

一旦你了解自己喜歡與擅長的事，你就能衡量各項夢想與目標的可行性，並且依此適當地分配時間。我很快就發現，我永遠都不可能成為一名歌手，一次甄選失敗，這一切就結束了。就算你很渴望的事始終沒有實現也無所謂。即便我們有很多夢想無法實現，在某種程度上，它們還是值得我們去追尋。

「不要做白日夢了，你不是那塊料」這句話常用來形容某個人對某件事不太在行。在這裡，我不想用這樣的口吻給各位建議，所以我要稍微改變一下說法：請找出你午休時段的夢想。不要害怕探索與失敗，因為我們可以藉此發現我們真正擅長的事。

09

找到你的「拿單」

不管在面臨抉擇時花多久時間衡量各種決定、思考利弊得失，以及評估風險，我們往往都短視近利、無法綜觀全局。這就是為什麼，擁有值得你信賴的人，是很可貴的一件事。他們能在你走偏時，為你指引正確的方向，或者至少察覺你可能會忽略的各種困難。

我們都認識這兩種人——特立獨行和猶豫不決的人。前者在做決定時，往往不會尋求他人的建議，他們會說：「我不在乎別人怎麼想。無論如何，我都會去做。」獨自做決定並不代表你會做出錯誤的選擇。然而，若是連和你擁有共同興趣的那些人都一直不贊同你的決定，你的決策標準恐怕就不太恰當。

後者則是優柔寡斷、裹足不前。無論這是因為軟弱、想討好他人，還是因為缺乏自信，他們都會尋求太多人的意見，而且經常改變心意。在他們真正做出決定之前，最後接觸的那個人往往對他們的影響最大。在我的職業生涯中，我所遇到的多數法官都很聰明、公正且具有道德感，這是很幸運的一件事。但還是有幾位法官很難做出決定。假使你不喜歡做決定，法官這種職業對你會是很大的挑戰。其中有位法官的狀況特別明顯，因為每次最後一個跟他說話的人都能說服他……對，就是這樣。由於不想讓其他人不開心，他總是很難做出決策。正因為如此，我們都想盡辦法變成最後一個跟他說話的人，這樣就可以打贏官司。

最好的決策者會將這兩種方法結合在一起。他們不僅明白自己的想法，同時也會參考他人的觀點。要做出正確的判斷，以及辨別哪些人的建議值得採納，都需要智慧。如果你想做出最好的人生決策，你就得了解自己（包含你的弱點在內）。此外，你也必須擁有像「拿單」（Nathan）一樣的人——在你做出重大決定之前，這個人敢於對你說出他的看法；在你做出某些不適當的決定之後，他也敢指正你，並且為你提供建議。

誰是拿單？拿單是《舊約》聖經裡記載的一位先知。在大衛王統治期間，拿單針對好幾件事給予建議，這些洞見為大衛王引導方向、協助他做出關鍵的決定。在我看來，這段故事有一個部分特別吸引人，那就是當大衛亟需拿單的指引時，他卻沒有徵詢拿單的看法。

在這裡，我簡短地概述一下這段故事：大衛從皇宮屋頂上看到一位美麗的女子正在沐浴，於是命人把她帶來，並和她發生了關係。這個女人名叫拔示巴，當時她的丈夫正外出征戰。大衛本應領兵作戰，結果他卻找來拔示巴、和她上床。不久後，她就找人告訴大衛說，她懷孕了。

為了掩蓋自己的罪行，大衛讓拔示巴的丈夫烏利亞從戰場上回家幾天。然而，烏利亞不肯進屋與他的妻子同寢，因為其他士兵都無法享有這樣的權利。於是，大衛只好採取激烈的手段，吩咐他的軍隊統帥約押：「要派烏利亞前進，到陣勢極險之處，你們便退後，使他被殺。」（《撒母耳記下》第十一章第十五節）。

很難想像，有任何決定比大衛所做的這一連串決定更糟了。

當你軟弱且不具權勢時，很多人都會樂於指責你。當你是最具社會地位的那個人時，則很難有人告訴你真相。但拿單願意說實話，即便他面對的是全國最有權力的人。

在《撒母耳記下》第十二章中，我們看到一個稱職建言者所具備的特質。

耶和華差遣拿單去見大衛。拿單到了大衛那裡，對他說：「在一座城裡有兩個人：一個是富戶，一個是窮人。富戶有許多牛群、羊群，窮人除了所買來養活的一隻小母羊羔之外，別無所有。羊羔在他家裡和他兒女一同長大，吃他所吃的、喝他所喝的、睡在他懷中，在他看來如同女兒一樣。有一客人來到這富戶家裡，富戶捨不得從自己的牛群、羊群中取一隻預備給客人吃，卻取了那窮人的羊羔，預備給客人吃。」

> 大衛就甚惱怒那人，對拿單說：「我指著永生的耶和華起誓，行這事的人該死！他必償還羊羔四倍！因為他行這事，沒有憐恤的心。」
>
> 拿單對大衛說：「你就是那人！」
>
> （《撒母耳記下》第十二章第一至七節）

在美國文化裡，我們常會在體育賽事中聽到「幹得好，你真行！」（You are the man!）這句話。對我們而言，這句話帶給我們力量，抑或是我們用它來討好那些握有權力的人。但這並非拿單的意思。

「你就是那人！」一位先知對一國之君說出這簡單的五個字，我們從中可以看出，值得我們信任的建言者應該要願意為我們做些什麼事（我們也應該樂意為別人這麼做）。最稱職的建言者能幫助我們做出最好的人生決策，他們會提供我們必須聆聽的建議，而不是那些我們想聽的話。

在這個世界上，有很多迎合我們、縱容我們，想要取悅我們，而不是真心替我們著想的人。在你的人生中，你是否擁有像拿單一樣的人——他不僅會在你做出某個糟糕的決定之後，對你說「你就是那人」，他也會在你做出錯誤的決定之前，對你說出他的看法。誰是你生命中的拿單？

忠言逆耳

二〇〇〇年二月，當我為了競選巡迴法務官而辭去聯邦助理檢察官的職務時，也同時離開了聯邦刑事司法體系。離開自己熟悉的事物是很困難的事，有時候，你會感受到某種強大的誘惑、呼喚著你重拾這一切。

二〇〇一年，我才剛宣誓就任巡迴法務官，聯邦司法體系就出現了一個職缺——聯邦治安法官。聯邦治安法官和聯邦地方法院法官在刑事與民事案件上密切合作。治安法官並非由參議院批准或總統任命，而是由現任聯邦地方法院法官選任。換句話說，曾經作為我上司兩年的聯邦法官將會是其中一位參與投票的人，此外，過去六年我在法庭上遇到的那些法官也會參加投票。

我想這麼快就做出改變，是情有可原的。聯邦治安法官的任期長達八年，假使你在工作上表現得不錯，幾乎可以斷定，這些聯邦承審法官將會讓你繼續連任八年。在這八年裡，你保證不會失業，而且薪資十分優渥。不只如此，我還能回到熟悉的司法體系工作（該體系頗具聲望）。這份工作將使我得到豐厚的收穫、進一步達成我的其中一項目標，也就是為家庭提供保障。如此一來，它將帶領我更接近我人生最終總結的某個部分——我希望大家會覺得，我是一個顧家的好丈夫、好父親。另外，它也和我過去的工作具有一致性、能帶來熟悉感。這份工作的職務內容是我所熟悉的，同時我也將和同樣的人一起共事。它是我夢想中的工作嗎？當然不是。它是否穩定且可以預期，因此能帶來安全感？答案則是肯定的。這正是我們這一生會面臨的掙扎：我們要努力拚搏，還是要安定下來？

在與那位曾經多次連任的巡迴法務官競爭的那場選舉中，我的確花了好幾個月的時間，請我家鄉的選民支持我，捐款並投票給我。我確實請這些選民讓我成為地方檢察官，以便在州刑事法庭為他們伸張正義。有很多人確實冒險投票給我。然而，成為一名聯邦治安法官可能是千載難逢的機會，我也可以藉此為我的家庭提供保障。這是一份受人尊敬的工作，而且這份工作還能帶領我取得聯邦法官的職位（至少理論上是如此）。從法學院畢業後，我曾經擔任某位聯邦法官的書記員，這類法官工作是享有終身保障的「鐵飯碗」。我家鄉的選民肯定能理解，為何我會辭去這個我才剛當選的職位，然後重新回到我剛離開的那個體系，對吧？我的妻子、我的父母親，還有所有放下手邊的事、花好幾個月的時間協助我競選的那些人，肯定也能理解我的這種行為——選擇安穩、熟悉的工作，而不是變化莫測的民選公職。

於是，我決定進一步爭取這個治安法官的職位。要跟大家解釋，為什麼我才剛當選巡迴法務官幾個月（其任期為期四年），就要辭去這份工作，不是一件容易的事。但和擁有八年的穩定工作、得以長期供一家人溫飽相比，這又有什麼困難呢？況且，這份新工作比我原本想的更難。擔任民選的巡迴法務官，和在聯邦檢察官辦公室擔任一線檢察官，是截然不同的兩件事。我必須僱用、訓練與管理六十多位員工。我們辦公室得處理數以萬計的拘捕令，警方希望他們手裡的案件能被全面起訴，但我們沒有那麼多時間與資源。我們都曾經被警告過：「許願要謹慎，因為你的願望可能會成真。」嗯，這種事就發生在我身上。我不確定該怎麼辦。於是，我們開始為自己找藉口、替自己辯解。因此，我們必須尋求他人的建議，就算我們不「想要」，我們還是「需要」這些建言。

儘管已經過了二十年，我依舊記得父親跑來我們家，那個場景歷歷在目。平常與人交談時，我的父親總是很慢熟，我常覺得「冷若冰霜」這個詞正是用來形容他這類型的人。但這一次並非如此，從他抵達我們家的那一刻起，他內心的想法就已經表露無遺。「你不能這麼做。」他說道，「你不能才剛當選就離職。這麼做不僅不恰當，對所有幫助你當選的人也不公平。你必須為了他們履行你的承諾。」

聽到這樣的話，我很不開心，心想：「一位醫生怎麼會對司法體系有所了解？但他一定可以理解，身為丈夫與父親有多想帶給他的家庭安穩的生活。他的反對只是他那老派的榮譽感使然，老一輩的人都是這樣。」

對我而言，這是在「擔任檢察官」與「成為法官」之間做選擇。此刻，後者會讓我的生活變得輕鬆一些。不，這當然不是我真正想做的事，我之前也不曾應徵法官的工作，但擔任聯邦治安法官並不可恥。這份工作可能會引領我成為像唐納．羅素一樣的法官，我再度用那套金字塔模式來衡量一切。

然而，根據我的父親說法，這是在「履行對家鄉選民的承諾」和「圖一己之便」之間做選擇。我沒有獲得父親的認可與支持，於是轉而向我的老友班・格拉姆林尋求建議。他與我年紀相仿，對所謂的風險、安全感，以及「供養一個孩子尚小的家庭」的那種壓力略知一二。我決定和他聊一聊。

班基本上同意我父親的看法，但他的理由完全不同。班並不關心別人會怎麼看待「才剛上任就離職」這件事。他明白，安穩的生活對我是很大的誘因。他主張，一個人想充分發揮潛能，就必須承擔某些風險。我所面臨的真正風險在於，為了競選巡迴法務官而離開聯邦檢察官辦公室，而我已經安然度過這項考驗。要做到任期結束，其實並沒有什麼風險存在。

「假如『聯邦法官這東西』真的是你想要的，」他這樣說道，「未來可能還會有其他機會出現。然而，一旦接受法官的工作，你將獲得的其實不是安全感，而是種種束縛。那不是你能離開的工作，或者說無法輕易離開。」

隔天的星期天上午，我和妻子坐在教堂裡。我靠過去對她說：「我要去找安德森法官，並且告訴他，我不能承接這份治安法官的工作。」

「你確定你想要這麼做嗎？」她問道。

「不，我不確定，」我回答道，「但倘若我不能肯定，也許我就該留在我目前所在的位置上，不要做出任何改變。」

我將告訴那位聯邦法官，我未來無法和他一起工作。在我的職業生涯中，他是給我最多幫助的人，我很肯定，他一定會對我感到失望。這類法官工作不常開缺，每次有職缺出現時，競爭都非常激烈。在我看來，我要不是因為承接這份工作而使父親失望，要不就是因為沒有接受它而讓安德森法官失望。這趟車程令我極度煎熬，我不喜歡讓善待我的人感到失望。

我把車開進他位於安德森住處的車道。這時，他家的後院大門是開著的，他正在整理庭院。

「法官大人，我必須跟你說一件事，而且我希望能當面告訴你。」我說道，「我想感謝你為我做的一切，但我不能才剛當選就離職。我不能這麼快離開，即便是為了聯邦治安法官這麼棒的工作，我也不能這樣做。」

接下來，是一陣漫長的沉默。「機敏善變」這個詞可說是最不適用於安德森法官身上的形容，你通常不必等很久，就可以明白他心裡的想法。若是可以用「冷若冰霜」來形容我的父親，安德森法官則應該是「熱情如火」，我已經做好了心理準備。然後，他打破了沉默。

「特雷，我從一開始就不覺得你該接受這份治安法官的工作。」他如此說道，「相較之下，當檢察官有趣多了。你應該要待在你目前所在的位置上。」我原本以為，安德森法官會希望我跟隨他的腳步重新回到聯邦司法體系，然後努力爬到他的那個位子。但我錯了。儘管他本身為了穩定的終身職而離開法庭，但在他的心裡，他始終是一名庭審律師。同時，這也是他真正希望我做的事。他捨棄了他對工作的熱情，以此換來安穩的生活。然而，在可以預期的法官生涯中，當他回憶起擔任庭審律師的那段「美好過往」時，他還是帶著一絲遺憾。

我的父親很在意我的選擇，因此告訴我，我這樣的決定並不恰當。這是很幸運的一件事，畢竟此時的我已經是成年人，他大可說：「你自己做的決定，就要為自己的錯誤負責。」但他沒有這麼做。為了使我的人生更井然有序，他寧可對我說一些不中聽的話，就像拿單一樣。班．格拉姆林也是如此，他不是我的父母，而是同儕。他不在乎別人對我的決定有何想法，或是這個選擇會對選民造成什麼影響。只是身為我的朋友，他覺得這樣的決定是錯的，同時他也敢於直言。對於他們兩人提供自己的看法，我心懷感激。新機會往往看起來很誘人，在這個案例中，我很慶幸，我的兩位拿單幫助我決定留下來。

找到你的拿單

當你在尋找人生中的拿單時，請注意這三項重要特質：

- **他們在乎什麼事對你最有利**。比起短期的「快樂」，他們更希望你變得比以前更好。他們希望能協助你實現你所期望的人生最終總結。
- **他們非常了解你**。他們知道你的優缺點、癖好，以及你何時容易受到恐懼與情緒的擺布。
- **他們既誠實又勇敢**。你需要的是敢說出自己的想法，或在意你更勝過害怕衝突的人。有時候，為了避免你傷害到某樣更重要的東西，他們甚至會令你感到受傷。

如果身邊想擁有像拿單一樣的人，我們就必須虛心聆聽他人的忠告，而且這些人不會因為受到批評，就變得憤怒或懷有戒心。你是否鼓勵這些建言者直言不諱？你的家人、朋友和同事能否指正你的錯誤，而不會感到不自在？當你在做決定時，他們是否敢說出自己的看法？一旦找到你的拿單，你必須虛心向他們尋求建議。

那些和拿單相反的人

除了思考誰是你的拿單以外，評估不希望哪些人對你的人生指手畫腳，也是很重要的一件事。假使你的身邊圍繞著一群一味附和你，或不在乎你眼中的成功是什麼的人，你很可能會發覺自己因為各種錯誤的決定而深陷泥沼。和拿單相反的人不見得是你的勁敵。他們可能是你的朋友或點頭之交，他們只希望你當下「開心」就好。也許他們認為，身為你的朋友就應該要無條件地認可或支持你的行為，但支持你是一回事，為你提供建議又是另外一回事。

其他時候，和拿單相反的人則可能會想打擊你。事實上，不是每個人都想看到你成功。已故議員伊利亞・康明茲曾經是我在眾議院的同事，我和他初次促膝長談的經驗令我十分難忘。當時，我們參加國會代表團訪問墨西哥，在墨西哥乘坐巴士的這個清晨，他跟我分享了在法律界的心路歷程，他甚至差點永遠無法成為律師。

伊利亞讀高中時曾經昭告天下，他想要研讀法律，並成為一名優秀的庭審律師。然而，伊利亞學校的某位輔導老師告訴他，他永遠都不可能成為律師。該位輔導老師已經認定，伊利亞將來必須靠「體力」，而不是「腦力」賺錢。他不僅對伊利亞期望很低，還做了更過分的事，以此貶低這個敏感、正在與自我懷疑奮戰的年輕學生。

伊利亞的故事講到這裡時，我開始感覺這一切會有一個美好的結局，因為他開始笑了起來：「高迪，你想不想猜猜看，我從法學院畢業後，我的第一位客戶是誰？猜猜看在我通過律師考試之後，第一個打給我、尋求法律協助的人是誰？」我還沒來得及猜，伊利亞就自己回答了這個問題：「就是那位輔導老師！」「你接了他的案子嗎？」我問道。「當然，高迪，而且他全額支付律師費。儘管我已經原諒他，我永遠不會忘記他所做過的一切。」

不是每個人都想看到你成功。即便是應該要把你的最佳利益放在心上的那些人（例如這位輔導老師），有時他們也不會這麼做。你必須懂得分辨，哪些人是拿單，哪些人則想要打擊你。無論人們試圖超越你，還是貶低你，你都不必承受這一切，然而你都必須特別留意。

別人如何看待我們都無關緊要

在我擔任國會議員期間，我和提姆．史考特、約翰．雷克里夫、凱文．麥卡錫經常一起去吃晚餐。除了這幾位核心成員以外，還有幾位固定賓客也會參加我們的聚會。我們的晚餐聚會奉行「不聊負面話題」的原則——絕對不會提及那些關於我們的負面言論。這是屬於我們的「安全地帶」，再說，倘若那些言論已經是無法改變的既成事實，我們又何必提起？

偶爾會有來賓打破這項原則，但這種狀況不會持續很久。一開始，會有某位賓客說：「提姆，我真不敢相信，那個人竟然在推特上這樣說你。」接著，我會委婉地提醒對方不要繼續說下去，否則我就會用手上的奶油刀對付他。無論如何，他還是說完了他想說的話，然後雷克里夫會說：「不要再說下去了。我們不會談論這些事。」最後，這位賓客終於理解我們的原則，因此沒有受到任何刀傷。

在我們看來，我們比媒體上的任何人都了解彼此，所以何必隨著這些荒謬的評論與臆測起舞？當我們讓那些對我們的性格、生活或行為動機一知半解的人決定我們的價值，甚至影響我們的決定與談話內容時，我們就迷失了方向。

無論是否作為公眾人物，我們都生活在這樣的時代裡——大家都覺得自己有資格對任何人、任何事發表意見。如果我們不懂得過濾噪音，將會在這些雜音中迷失自我。要做出正確的決定與判斷，而不受到陌生人的影響，是很困難的一件事。讓這些人改變我們的衡量標準時，所做出的決定就會變得偏頗，因此，我們不該讓這些人影響我們的選擇。

為什麼你會在意某個人在社群媒體上對你的評論？你覺得誰比較了解你？是某個在推特上使用假名的人，還是你自己？請誠實地問問自己，為什麼你會在乎別人對你的看法？我過去經常在一連串的投票過程中，看到不少眾議員坐在眾議院議事廳裡瀏覽他們的社群媒體動態，沉溺於他人對自己的評價。你很少像別人說的那麼好或聰明，也不太可能像別人說的那麼糟糕或愚蠢。假使你希望獲得客觀的回饋，為什麼不詢問那些了解你的人，反而要問那些遠在世界另一端、從未跟你交談過的人，對你的決定有什麼想法？

你無法改變所有人對你的看法，與其浪費時間試圖改變他人的想法，還不如花時間和了解你、愛你的人相處。在面對陌生人或泛泛之交對我們的評論時，我應該要管好自己的事、過好自己的生活，他們怎麼想是他們的事。在我的經驗裡，像拿單一樣的人會來到你的身邊、使你變得更強大，至於那些陌生人（尤其是在社群媒體上）則一心想要挑你的毛病。你可以說，這種說法太過簡化或偏激，但當我想獲得自我價值感時，我不會徵詢「臉友」的意見，或瀏覽網路新聞的評論區。你會發現，我和我「人際核心圈」內的朋友共進晚餐，並且談論我們各自擅長的事。這才是我們真正的價值所在。

回想大衛王的一生時，我看見他在犯下滔天大錯之後，需要拿單的忠實建言。倘若你的身邊有一小群建言者（其人數不應超過十人），他們可以提供你必須聆聽的建議，而不是那些你想聽的話，你就能做出最好的判斷。這是非常幸運的一件事，你必須抽空尋求他們的建議。

大衛一開始從屋頂上看到拔示巴時，他並不知道那時自己需要的其實是拿單的忠告。假使有像拿單一樣的人告訴你，在得到某項資訊之後你應該怎麼做，是一件很棒的事。想獲得你需要的建議，你就必須敞開那扇通往屋頂的大門。說得更精確一點，是把這扇門的鑰匙交給少數值得你信賴的人。

留在你目前所在的地方

決定留在你目前所在的地方，需要長遠的眼光與全心投入。選擇放棄眼前的新機會，或在事情變得艱難時不離開，是很大的挑戰。但有時候，繼續留下來能讓你完整建構你的夢想、推動你朝人生的最終總結邁進。你越是了解自己（你的最終目標、你的優缺點、各種夢想的可行性，以及當你感到矛盾或困惑時，你可以尋求誰的建議），當時機成熟時，就越能堅定地留在你目前所在的地方。

當你在衡量是否要繼續留下來時，請思考以下五個問題：

1. 從長期來看，留在你目前所在的地方可能會有哪些好處？
2. 哪些原因讓你想要離開？假使你選擇留下來，並且歸納出一開始令你感到不安的理由，情況是否會變得好一些？
3. 繼續留下來會讓你更加進步，還是會阻礙你的成長？
4. 你可以讓哪些人參與這項決定？
5. 你能否承諾，不再讓那些根本不了解你的人影響你對自己的看法？

PART **THREE**

離開

leave

10

夢想的賞味期限

決定離開可能是一大挑戰，卻也同時讓你如釋重負。離開可能令你感覺可怕、刺激、悲傷、困難、輕鬆、有其必要（或以上皆是）。唯有誠實地評估你目前的狀況，以及在下一個人生階段，你想要變成怎樣的人，你才會知道何時該離開。

你付出了多大的代價

二〇〇九年，當我巡迴法務官的任期進入尾聲時，「在州法院起訴罪犯近十年」這件事開始對我產生嚴重的影響。這種影響既不是生理負擔（這份工作並不耗費體力），也不是情感負擔（悲傷、難過都是人生的一部分）。用「精神負擔」來形容我的感受應該最為貼切。

偵辦一起又一起的暴力犯罪案件、看盡各種虐待與邪惡醜態，讓我付出沉重的代價。不斷接觸人性最醜陋的一面，對我的心靈產生了負面影響。在刑事司法體系，很少有美好的結局出現。往往只有不曾埋葬至親或經歷個人創傷的人，才會說出「解脫」這樣的字眼。

在州刑事司法體系裡，我偶爾會遇到傳教士，他們通常被列為被告，或者代表被告出庭，但我鮮少看到他們代表被害人出庭。我還記得某起令人髮指的案子，該案件不僅囊括性侵孩童，還包含隨機殺害一名婦女（被告和這名婦女素不相識）。這起案件的凶嫌展現出人性最醜惡的部分——用極其恐怖的方式傷害最弱勢的族群，以及只因為有機會便隨意奪走陌生人的性命。

然而，來自被告「教會」的成員仍舊到場「支持」他。這名戀童癖嫌犯殺死了一位年輕母親，但當時法庭有半數空間擠滿了他的擁護者。反觀被害人那一側的旁聽席卻空空如也。直到現在，我都還無法接受這一點。

話雖如此，我還是很喜歡偵辦案件與出庭所帶來的挑戰。在為死傷者與受虐者發聲是我最有幹勁的時候。替犯罪受害者和他們的親友伸張正義，是極富意義的一件事。我想，我應該表現得不錯。我知道自己有多努力。

但有時候，熱愛且擅長某件事還不夠。有時候，即便你熱愛一份工作，而且能從中獲得滿足感，經年累月下來，它還是會讓你或你最在乎的人付出極大的代價。

某些工作無論多有意義，都是有賞味期限的。不過這並不代表你當初決定從事這份工作是錯誤的選擇。只是你必須明白，你何時該離開。

承辦家庭或人際暴力案件的檢察官總是會面臨這樣的挑戰——凶嫌口口聲聲說「愛」某個人，卻傷害或殺死了對方。負責處理虐童或兒童性虐待案件的檢察官至少會遭逢雙重挑戰：(1)當這個最弱勢的族群受到威脅、傷害與虐待時，你會經歷某種「純真的喪失」。(2)你開始覺得，你自己的孩子也面臨威脅。

至於承辦凶殺案的檢察官，其挑戰則在於，你老是在處理和死亡有關的事，而且往往是我們最害怕的那種死法——在毫無預警的情況下失去生命，沒有時間說再見、彌補過去的錯誤，或請求原諒。你最後感受到的是滿滿的惡意，而不是愛，而且愛你的人都知道，你人生的最後一幕充滿了恐懼與怨恨。

負責偵辦凶殺案時，你辦公桌上的每一份檔案幾乎都充斥著這種可怕的死亡。最優秀的檢察官會強迫自己感受被害人和他們親友所經歷的一切。想有效地「替無聲者發聲」，你必須了解，他們想說些什麼話，以及他們會怎麼說這些話。想「仗義執言」，你得對弱者感同身受。想有效地起訴謀殺案嫌犯，你必須帶領陪審團重返犯罪現場、向他們重現犯罪場景，彷彿那邪惡的一幕正在他們的眼前上演。要做好這件事，你必須在開庭前反覆思索，甚至將自己沉浸在該案件的某些細節裡，並且讓它們佔據心頭好幾個月。

因此，你會發覺自己一直想著某位凶嫌的惡行。在刑事訴訟中，很少有「樂觀」與「希望」存在。作為一名承辦暴力犯罪案件的檢察官，你表現得越好，所擁有的樂觀與希望就越少。大家常說「把工作留在辦公室」或「不要把工作帶回家」，我向來不擅長做這件事，而且也完全不想變得拿手。

我曾經起訴一名嫌犯，他在斯帕坦堡的某個寧靜社區中殺死了一對老夫妻——這對夫妻正在臥房裡沉睡時，凶嫌闖進了他們家。先讓故事停在這裡，然後請好好思考一下。不要只是閱讀文字，請想像一下那個畫面。請站在那對夫妻的角度思考，就像檢察官那樣。你在自己家裡、睡在自己的床上，此時，你躺在你最愛的人身旁。已經努力奉獻、將孩子扶養長大的你，正處於最寧靜安穩的人生階段，你一直是個善良的好人，甚至對站在你床前、手裡拿著鐵鎚的那個人也很友善。你曾經在他需要時，載他到雜貨店去，由於他把錢都浪費在毒品和酒精上，身上一毛錢都沒有，所以你替他買單。你看到他站在院子裡或車道上，都以禮相待，結果這一切只換來一個毒蟲闖進你家，拿著鐵鎚站在你的床前。

請把這樣的案子增加到數百件。然後，再加入殺害孩童的案件，還有難以理解的隨機殺人案——這些人因為一時衝動而盲目殺人。日復一日。你想成為一名偵辦暴力犯罪案件的檢察官嗎？你的工作內容就像是這樣，假如這份工作想做得越來越上手，你就必須盡量深刻地感受這一切。

每到星期天，我都會與妻子和孩子一起坐在教堂裡、聆聽牧師講道——上帝是慈愛的、上帝掌控一切，以及上帝使「萬事互相效力、叫愛神的人得益處」。此外，還有很多老生常談。但我所聽到的這些訊息，和在犯罪現場拍攝的那些照片並不一致。倘若上帝真的像你說的那麼強大，祂一定能阻止這一切，但一而再、再而三地，為了某些我不知道的原因，祂選擇不這麼做。

過去，在巡迴法務官辦公室的玻璃桌墊下方，我曾經放著一句名言：「當沒有受到傷害的人和受害者一樣忿忿不平時，正義便得以伸張。」我之所以喜歡這句話，是因為它具有某種超自然的成分，而且這種靈性是我能真正認同的。

假使我們要「己所欲，施於人」，難道我們不該對那些被虐者感同身受嗎？你能否站在受害者的立場思考？在凶殺案裡，要這麼做是不可能的。你無法知道死亡是什麼樣的感覺，而且反覆思索這個問題將帶來傷害。但如果你想成為一名最優秀的檢察官，你就必須感受這些被害人經歷過的事。

儘管如此，要辭去巡迴法務官的工作並不是一個容易的決定，因為我正在實現我的夢想——針對侵害他人的犯罪行為進行起訴。在職業生涯的這個階段，我已經擁有豐富的經驗，同時我也有自信可以把工作做得很好。從很多方面來看，我都在實踐上天賦予我的使命。然而，實現這個夢想卻會對我生活的其他重要層面產生負面影響，讓我付出極大的代價。當這樣的事發生在你身上時，你就必須開始思考關於離開的事。

犧牲在所難免。為了得到更好的成績，你犧牲參加某些派對或觀看橄欖球賽的機會；為了去健身房運動，你犧牲睡眠，抑或是為了讓體重計上的數字好看一些，你犧牲最愛吃的食物；為了在晚上多加班幾個小時，你犧牲了某個你愛看的電視節目。為了在未來取得更好的成果，你總是理所當然地犧牲眼前的享受。

但當你老是為了達成某項目標，犧牲生活與自我的某些重要部分，同時將來這種狀況恐怕也無法獲得改善，可能就是你該離開的時候了。你會面對這樣的時刻——這些犧牲已經變得不再值得。想判定你是否處於這種狀態，你可以問自己這幾個問題：

1. 這份工作、這段關係、這次學習經驗，或是你的整體狀況是否一直讓你犧牲多於收穫？
2. 留在你目前所在的地方是否會對你的身心健康與幸福感造成負面影響？
3. 決定留在目前所在的地方是否會對和你最親近的人產生負面影響？
4. 你所做出的犧牲是否有大有小，還是一直都沒有什麼差別？
5. 是否有任何重要人物因為你目前正在做的事而擔心你的健康？

當我們決定離開時，腦海中往往會浮現出某種陰魂不散的念頭。我不斷想到的是，自己在工作任期結束前就選擇拋棄它，這讓我覺得很恐怖。此外，這樣的想法也一直縈繞在我的心頭——我拋棄了那些需要優秀代言人的犯罪受害者。因此，我開始試圖解釋這一切，告訴自己「凡是值得做的事都會伴隨某些犧牲」、「這當然很難，但最後一切都會值得」、「這只是一段低潮期，情況會好轉的」。然後，我就開始懷疑或重新思考我的決定。

接下來，我的問題則變成：我能否讓自己的內心在懷疑與平靜之間取得平衡，抑或是在兩者之間的灰色地帶遊走？當你甘願接受這個決定已經不容改變，當你在面對過往夢想或目標的誘惑時進行理性思考，你就可以獲得平靜。建設性懷疑能讓你證實自己的想法。它會迫使你確信，這是一個正確的決定。相反地，破壞性懷疑只會不停地暗示你犯了某種錯誤，卻不會提供你不同（或更好）的選擇。

讓夢想退役

在面臨抉擇、試圖決定是否要離開，你之所以會感到猶豫，有一部分是因為目前正在做的事曾經是你最大的夢想。我在考慮辭去巡迴法務官的職務時就是如此。離開通常意味著捨棄某個夢想。這可能等於宣告一個時代的結束，抑或是夢想破滅——這個夢想曾經使你充滿幹勁。它甚至感覺像是種自我背叛，讓你遠離曾經珍視的一切。

此刻，你必須確定，你是你夢想的守護者，而不是與此相反的破壞者。你的理想與目標應該使你感到自由，而不是削弱你的力量。你的夢想不該令你充滿焦慮與恐懼，它們應該要讓你變得更好，而不是變得充滿懷疑。

我們做出有益健康的決定時，夢想不是跟著我們一起改變，就是我們為了使自己變得更好，選擇讓它們退役。如果你讓夢想成為束縛，終將因此不堪負荷。

人生進入不同的階段，我們的夢想也會跟著發生轉變。我會鼓勵你，不要讓這些夢想一成不變。它們都是你的一部分；不要認為它們神聖且不容更改。不要把它們高高地供在神壇上，而要檢視它們、拆解它們，甚至改善它們。你是你夢想的編寫者，是你為它們建立架構。你可以撰寫、編輯、改寫，請持續修正這些夢想。你曾經以為，你的夢想是成為一名護理師，結果其實你是想要幫助有需要的人，然後你因此成了一名心理治療師。起初，你的夢想是參加美國女子職業高爾夫協會巡迴賽，結果你其實是很喜歡打高爾夫球，後來你成為高中高爾夫球隊的志願教練。你原本夢想成為一名醫生，之後又變成對有機化學和微積分有興趣，最後你成了一名拯救生命的兼職緊急救護技術員。你的夢想可以跟著你一起成長與轉變。

我必須考慮讓我的夢想退役，雖然百般不願意，這仍是一個正確的決定。在這個夢想背後，隱含著更遠大的目標——愛好公平、追求正義，它可以繼續留在我的心裡、跟著我一起改變。在未來，它將以不同的方式呈現。和辯護律師之間的戰鬥已經結束了，我不會再用各種證據拼湊案情的原貌，並且努力說服陪審團。我不會再因為替被害人代言而感受到刺激與挑戰。儘管這一切都會結束，但籠罩在我心頭的憂鬱也將因此散去。

放下夢想可能會非常痛苦，那感覺像是種失敗。但放下過往的夢想並非失敗，它也是一種前進——帶著滿滿的回憶繼續向前走。帶著自豪與懷念的心情讓某些夢想退役，使我們得以對新目標投注更多時間與心力。

我們讓某個夢想退役時，請回想過去是怎麼實現它，以及在追尋這個夢想時，曾經因此獲得什麼好處，這會是很好的做法。這不是我們留下來的理由，而是值得回憶的美好。當你察覺某個夢想已經超過賞味期限，請承認它所帶來的負面影響，然後記住那些美好的部分。

法定追訴期

二〇〇九年，我在教堂做完禮拜，和家人一起吃午餐慶祝母親節，有兩個人聯合起來與我作對——泰芮和我的母親都斷定，是我另謀出路的時候了。她們都建議我換工作，在刑事司法體系工作的我已經為此付出極大的代價。

泰芮從未擅自干預我的決定，她相信我會仔細思考，然後做出適當的決定。她不喜歡干涉別人，然而這一次情況並不相同。她認為，是我該離開法庭的時候了，因為這份工作不僅對她的丈夫，也對我們的孩子產生負面影響。

我知道泰芮是對的，是該做出改變的時候了。長久以來，擔任檢察官都是我自我認同的一部分。州檢察官和「聯邦檢察官」的身分都賦予我強烈的使命感與價值感，因此離開不只是要找另一份工作，而是要找到某種截然不同的專業認同。這次母親節聚餐讓我意識到，自己已經逃避這個問題太久：工作嚴重排擠我人生中的其他優先事項，使我最在乎的人付出極大的代價。

儘管妻子和母親讓我明白何時該離開，她們卻沒有建議我未來的路要怎麼走。所以，這時的我必須思考，該怎麼優雅地離開，以及下一個人生階段將會是什麼模樣。這些問題各自獨立，卻有著密不可分的關係——是否要離開、如何離開，以及下一步該怎麼走。

要怎麼在任期結束前辭去這個民選職位，是我面臨的第一個挑戰。實際上，要跟其他人解釋我的真實心理狀態並不可行。簡而言之，就是這份工作已經對我的信仰產生很大的負面影響，告訴別人這一點是很自私的事。選民們抱持何種信仰與我無關，而我自身的悲觀與懷疑也不該影響到他們。他們不會比我更理解，我的工作對我造成了什麼樣的影響，我無法跟他們談論這些事。對我而言，在我的家鄉試圖解釋這件事是不可行的——這裡有許多人都非常相信「萬事互相效力，叫愛神的人得益處」，而我已經不再確信這一點。

在我看來，自己只有兩種選擇：硬著頭皮再撐兩年，或設法以某種體面、而且大家都能理解的方式離開。因此，在反覆思考與尋找更好的替代方案之後，我決定競選國會議員。我競選國會議員的主要原因，不是因為我想制定法律或修改稅法，而是因為我認為，無論成功與否，我都能藉此體面地離職。其次是因為我覺得，公平與正義也可以在其他政府部門展現出來。

二〇〇九年六月，我正式宣布參選國會議員。儘管再次面臨選舉的挑戰，以及有機會在立法部門工作與學習令我感到興奮，找到離開的適當理由才是我開心的主要原因。接下來的一年，除了漫長的選戰以外，我也不停地對這個決定產生懷疑。在我參選國會議員的這一年裡，南卡州發生了多起謀殺案，我是否真的在恰當的時間點離開？

二〇〇九年六月二十七日，契洛基郡的一名桃農在家中遭人開槍射殺。四天後，契洛基郡有一位八十三歲的母親和她五十歲的女兒被人捆綁殺害。這位女兒來城裡探望她的母親，就只是這樣，但兩人都慘遭毒手。

二〇〇九年七月二日，一位父親帶著十五歲的女兒到自己工作的商店裡，因為這時的契洛基郡顯然極不安全——有一名歹徒闖入別人家中隨意殺人。所以這位父親要確保女兒不會自己一個人在家，結果這名連環殺手還是闖進了這間由家族經營的店鋪。他不僅殺死了這位父親，還朝十五歲的女孩開槍。

二〇〇九年七月六日，警方在北卡州邊界遇到一個人，懷疑他就是這名犯下連續殺人案的凶手。緊接著，雙方展開激烈槍戰，然後該名殺手在槍戰中遭警方擊斃。因此，不會有任何審判，也不會有辯護律師試圖讓陪審團對案情感到懷疑。然而，這些受到影響的家庭永遠都沒有機會了解「為什麼」──為什麼是我的丈夫？為什麼是我的妻子？為什麼是我的孩子？

隔天，斯帕坦堡郡有位男子將十歲女童毆打、搖晃致死。男子是女童母親的男友，還是一名義消與救護人員。他先前就曾折斷這名女童的手臂，但這次他奪走了她的生命。

二〇〇九年七月八日，斯帕坦堡郡又有個男人用手臂勒住一名八歲女童的脖子，然後將槍口對準她的頭部。他在其他孩子的面前朝該女童開了四槍，她因此當場斃命。這個男人有位分居中的妻子，當時她有個約會對象，這名女童正是對方的孩子。他之所以射殺這個女孩，就是想要「報復」那個跟他妻子約會的男人。

十二天內就有七個人被殺，其中包含了三個小孩。這七個人失去了他們唯一真正重要的東西，也就是他們的生命。這些被害人親友內心的悲痛永遠無法抹滅。

對我來說，拚命努力將每個星期天早上聽到的講道內容，要和平日所見所聞達成一致，這實在是太超過了。一切都已經太遲了。倘若我離開是為了保有些許信仰——相信這一切是如何在物質與精神層面運作的，已經來不及了。

我負責偵辦的最後一起案件是在二〇一〇年十一月。當時，我已經當選國會議員，但尚未宣誓就職，所以我還是一名巡迴法務官。我決定要承辦這個案子——十歲女童米耶．韋德納被母親的男友毆打、搖晃致死。這似乎可以充分解釋，為什麼擔任檢察官起先是我的夢想，以及之後又為何必須捨棄這個夢想。該名男子被陪審團裁定有罪，我想，一般人可能會覺得這是檢警的「勝利」。然而，這名十歲女童還是失去了生命；她被一個宣稱愛她母親的人所殺，她的家人因此陷入悲傷。所以，並沒有所謂的勝利，只有永遠的傷痛。

提姆．史考特有時會說，我「因記性好而受苦」。他說這句話是為了表達讚美。他知道，擁有好記性對生活的多數層面都很有幫助，但這同時也會讓一個人付出很大的代價。

如今，我已經離開法庭超過十年，我的家鄉斯帕坦堡仍舊充滿了犯罪現場的記憶。儘管我喜歡這裡、不會離開，我所到之處都使我想起以前承辦過的案子。若是出城到南卡州哥倫比亞去，我會經過兩個命案現場，其中包含了這個案子：一位母親正在將車上的雜貨搬下車時，被人劫車綁架，然後慘遭性侵殺害。這已經是二十年前的事，但每次我行經這段州際公路，都會望向公路右側、那片稀疏松林後方的一棟房子。我星期六去某家雜貨店購物，有時會在店裡遇到這名被害人的母親。多年來，依舊因為喪女感到悲痛的她努力地將外孫撫養長大。若是把車開往格林維爾，我也會經過很多個命案現場，其中包括一起「多人命案」。這起凶殺案發生在州際公路旁的一家銀行裡，至今仍未偵破。此時，我的腦海中就會立刻浮現出這樣的畫面：有三個坐在小房間裡的人被射殺，他們只是利用午休時間到銀行兌領支票，卻在銀行內慘遭行刑式槍決。這起案件已經發生超過十年，但我還是會想起來。

就連最近為了和我的兒子一起打高爾夫球，開車到北卡州山區，我都發覺腦海裡出現斯帕坦堡北部的美麗鄉村。我本來應該好好欣賞那青翠蓊鬱的林木與山巒起伏，我想到的卻是：在某條小巷子裡，有位丈夫用刀砍下他妻子的頭，因為她正準備離開他。我回想起這起案件的審判過程，以及這一切是如此沒有意義。她已經去世，至於她的丈夫則被判處無期徒刑且不得假釋。無論我朝哪一個方向走，到處都充滿著悲傷、痛苦與死亡。有很多人都能遺忘某些畫面，然後繼續向前看，但那些「因記性好而受苦」的人卻沒辦法這麼做。

諷刺的是，我還是會遇見這些犯罪受害者和他們的家屬，他們最大的支撐就是他們的信仰。他們的信仰陪伴他們走過死亡的幽谷，那些令我心存懷疑的畫面，反而讓他們在信仰裡重獲新生。

結果，我終究無法擺脫我曾經試圖逃離的事物。事實上，我已經失去自己曾經試圖保有的一切。我之所以為了競選巡迴法務官而離開聯邦檢察官辦公室，是因為我想進入州刑事司法體系，針對侵害他人、震撼社會良知的犯罪行為進行起訴。我希望能替那些失去一切的人伸張正義，因為他們已經無法再為自己辯護。我確實做了這樣的事，實現了一直以來的夢想。然而，這份工作也使我付出沉重的代價，它奪走我內心的平靜、撼動我的信仰，同時也讓我變得不再樂觀。

當你的決定已經使你付出極大的代價，設法離開（最好是用某種體面的方式離開）是明智的選擇。想維護你的身心健康，保護你的家人，以及其他你生活與自我的重要部分，這樣的動機永遠都不會錯。但你必須特別留意——許願要謹慎，因為你的願望可能會成真。

11

評估你所身處的環境

環境塑造我們。在考慮離開或捨棄某樣東西時，評估你目前所在的環境，並且判斷這個環境是否讓你成長，還是使你偏離正軌，是很重要的一件事。離開對我們沒有益處、無法反映自身價值觀的環境，我們就會向前邁出一步、努力變成那個自己想成為的人。

國會大選

我首次動念競選國會議員時，所想到的主要缺點並不是每星期都要到華盛頓特區去。讓我想打退堂鼓的，並不是國會議員必須學習關於醫療保險、外交政策或稅法的事。主要缺點在於，已經有某位共和黨籍眾議員代表我這個選區，我不想再次與現任者競爭。

在此之前我在斯帕坦堡參加了一場午餐會，我選區的這位現任眾議員在該餐會上發表談話。從他的演說中可以明顯看出，他所著重的議題並非這個選區其他地方關心的問題。我還記得在這場餐會結束之後，我邊走向車子邊心想：「對現任眾議員而言，明年將會是很艱難的一年。鮑伯．殷格利斯必須在他的競選演說上表現得更好，否則他會引來很多對手。」結果，果真如此。

當時，在斯帕坦堡郡茶黨運動中十分活躍的某位女性就宣布，她將參加二〇一〇年的共和黨初選。和格林維爾郡茶黨運動有密切關聯的某位男性也宣布，他將角逐初選。另外，還有一名共和黨籍聯邦參議員也宣布，他將參與黨內初選。我心想，有人將會在二〇一〇年的共和黨初選擊敗鮑伯．殷格利斯。接下來的問題則變成：這個人會是誰？於是，二〇〇九年六月，我、泰芮和兩個孩子站在我們家的前院，然後宣布參選國會議員（這是我認為能體面地離開法庭的方法）。

我不是唯一能在初選中擊敗鮑伯．殷格利斯的挑戰者，卻是他花最多時間談論的人。他曾經在某幾次造勢活動上嘲笑我離開法庭的決定，甚至有次在活動上，眾議員殷格利斯完全不理會他的聽眾，只是自顧自地花時間抨擊我。

我喜歡鮑伯．殷格利斯這個人，但他將會輸掉這次國會選舉。在美國，南卡州是會進行第二輪決選的州之一；在二〇〇九年六月上旬的黨內初選結束後，只剩下我和鮑伯兩人。我們還有兩個星期的時間進行決選衝刺。兩個星期後，鮑伯以近四十個百分點的差距輸掉了這次選舉，這不是很小的差距。全美國和我們的選區都已經吹起改變之風。

在競選國會議員期間，我絕對面臨過這樣的時刻——懷疑自己是否做了正確的決定。有些人說這種現象叫「後悔」，有些人則將它稱作「質疑」。就我而言，我完全明白自己要離開什麼樣的事物，卻不太清楚，我要追求或試圖開始的東西是什麼。

國會的運作模式

於二〇一〇年十一月選出的大批新進議員（在美國歷史上，國會已經很久沒有這麼大的變動）在入職培訓時，聆聽來自眾議院領導階層的發言人致詞，並且認識彼此。

由於眾議院是以委員會為中心，眾議員大部分的時間都花在委員會工作上，因此選擇適合你的委員會是非常重要的一件事。多數國會議員都同時參加兩個委員會，只有那些最倒楣的人才會同時被放進四個委員會裡。

假使你有全世界最棒的想法，卻沒有加入適當的委員會，這些想法將無法付諸實行。某些委員會之所以非常搶手，不只是因為它們負責的工作很重要，也是因為這些委員會獲得的補助頗為豐厚。

正因為如此，首先你會決定要參加哪些委員會，這是最重要的事。我想參加的兩個委員會是「司法委員會」和「監督暨政府改革委員會」。它們都具有調查性質，因此擁有法律背景的人應該會很有幫助。然而，這兩者獲得的補助都不多，而且也不是其他議員心目中的「A級」委員會。另一方面，「金融服務委員會」獲得的補助就很豐厚，但金融服務委員會既不符合我的學經歷，也不是興趣所在。所以，我馬上就面臨選擇：我該依據最想做的工作來挑選委員會，還是選擇最有可能幫助我競選連任的委員會？結果，我選的是前者，而不是能讓我更容易募款的委員會。

最後，我被分配到司法、監督暨政府改革，以及「教育暨勞動力委員會」。在這三個委員會當中，後兩者根本不搶手。我在國會服務的多數時間都花在參與各委員會、募款，還有與選民見面上。但如果我沒有跟你分享與工作無關的部分，那就是我的疏忽，因為這部分肯定也形塑了國會的生態。

工作以外的生活

多數月分，我都會有九到十二個晚上待在華府。因此，選擇這些夜晚我要在哪裡居住、睡覺和洗澡，就成了首要任務。我很快地搜尋了一下，最後決定選擇睡在我的辦公室裡，有很多議員也都是這麼做的。

我花了很多心思尋找能讓我在辦公室使用的寢具，先是試過睡在沙發上，感覺很糟。也試過睡在充氣床墊上，但感覺就像海嘯期間，睡在飄浮於太平洋的橡皮艇上。此外，我還可以聽見、看見大樓裡的老鼠。最後，我買了沙發床。

結果我發現，不只是這些老鼠令人感到焦慮、讓我無法入眠。我在華盛頓特區感受到的最大打擊來自華府的媒體，他們一向自詡「仗義執言」、刊載「適合刊登」的新聞，或宣稱「民主在黑暗中死去」，卻始終沒有進行公正的報導，甚至是假裝公正。這些媒體聲稱他們扮演社會仲裁者的角色——客觀、中立、不帶感情、勇於捍衛一切真理。他們自詡為公正的裁判，卻沒有秉持公平的原則。

在法庭上，我曾經遇過一些好法官，以及幾位不太好的法官。有些法官比其他法官更了解證據規則，有些法官則很害怕他們的判決會在上訴時被推翻，所以不敢做決策。有些法官會偏袒檢方，有些法官則會偏袒辯方，但我從來沒有遇過任何立場明顯偏頗的法官，直到我接觸到華府的平面媒體為止。在這裡，客觀、中立的記者根本屈指可數。

我成功度過了第一個任期。但這些媒體很喜歡編故事，然後再去尋找能支持這個故事的資訊。他們對我的分析過於簡化：「嗯，他來自南卡州、在初選時擊敗了另一位共和黨員。因此，他應該是一位周末會穿得像美國開國元老——賽繆爾．亞當斯（Samuel Adams）的茶黨成員。」

我不在乎一個人是否是茶黨成員。我有很多朋友都是茶黨的一員，但我並不是。儘管這些華府的媒體已經得知這個事實，他們還是繼續寫他們想寫的故事，而不是報導真相。在我擔任國會議員的這八年裡，這樣的風潮始終未減。人生的一大挑戰在於，明白並非所有事都值得你據理力爭。你不必針對所有輕視、侮辱你的言語做出回應，或為自己辯護。即便媒體的說法與事實有所出入，你也不必每次都發新聞稿「澄清」。然而，當這些輕視、侮辱，或與事實不符的言論開始擴及他人，甚至嚴重影響到你所期望的人生最終總結時，你就必須予以反擊。坦白說，就算你是這種不實言論的受益者，你也應該要這麼做。你的故事、經歷與人生都應該只屬於你一個人。它們必須公正、精確，同時符合比例原則。當其他人因為懶惰、疏忽或惡意，對你發表某種不實言論時，你應該要好好思考，如何為你自己（還有客觀事實）辯護。

熟悉所帶來的結果

我的第二個任期變得比較輕鬆，因為已經有固定的作息、感覺十分熟悉。在我擔任議員的第二個任期，一項新調查浮上了檯面。二〇一二年九月十一日，美國駐利比亞班加西領事館遭激進伊斯蘭恐怖主義武裝分子襲擊，造成包含美國駐利比亞大使在內的四名美國人命喪異鄉。這起事件發生後，美國國務院成立了名為「問責審查委員會」的內部調查小組。

班加西事件調查的本質，其實是兇殺案調查（至少對我來說是如此）。有四個人在這起事件中身亡，為什麼他們會被殺？是誰、用什麼方法殺了他們？在這起恐怖攻擊之前發生了什麼事？在事件發生的當下，應該可以採取什麼樣的措施、將傷亡降到最低？在事發的那十三個小時內，全世界最具規模、最強而有力的軍隊到哪裡去了？政治是否左右了大眾談論與解釋這起事件的方式？這些都是很重要的問題，但遺憾的是，在多數人（包含媒體）的心裡，最重要的問題是這個：這一切和國務卿柯林頓有何關聯？

這場調查耗時兩年，我因此明白，由國會主導的各項調查，和我在南卡州擔任檢察官時所進行的刑事案件調查之間有著多大的差異。前者不僅獲取所需資訊的管道很少，證人也很難找。因為在涉及這項調查時，多數華府的人都可以分為這三類：(1)我們要保護國務卿柯林頓。(2)我們要對國務卿柯林頓施加負面影響。(3)讓我們弄清楚，在班加西到底發生了什麼事；不管結果如何，我們都坦然接受。令人沮喪的是，第三種人並不多。

班加西事件調查期間，我在心中種下了離開國會的種子，並且讓它發芽、成長、茁壯。起初，這確實是一項「調查」，所以理論上應該和我先前的工作很像。然而，由國會主導的這些調查，和替行政司法機關工作的檢察官所進行的調查沒有任何相似之處。這當中充斥著各種洩密、謠言與對立。我們缺少調閱相關文件的管道，證人也很不好找。

這項調查進行期間，我明白了三件事。第一，我了解到，多數國會議員渴望的東西都不盡如人意，包括擔任委員會主席、獲得名聲與媒體關注，以及募款。第二，國會工作向來都受到政治的影響。在政治上，大家追求的不是真相，而是那些能幫助你贏得選舉的事。因此，政治人物都想忽視或隱瞞那些對自己沒有任何好處的事。第三，對於我在讀八年級時，某位主日學校老師的教誨，我又重新有了體悟。他過去經常提醒我，帶給你最大痛苦的絕對不是你的敵人，而是那些自稱是你朋友的人。

自從班加西事件發生以來，我們經歷了無數調查，這些調查都是政治生態的縮影。有一天，某位議員要求我們提供所有相關文件的取得途徑，以及所有證人的聯繫方式，結果隔天，該位議員就用盡手段縮減、隱藏這一切。還有一次，某位議員因為藐視某個不肯與某委員會合作的人，投下贊成票。結果隔天，該位議員就在同樣的議題上改投反對票，因為對方可以幫他隱瞞某些資訊。又有一次，某位議員哀嘆美國債台高築、財政赤字不斷升高，結果隔天就投票支持提高舉債上限。

我們都說服自己，掌控參議院或眾議院的人將決定美國的未來。當你確信這件事時，就會為了取得這份控制權無所不用其極。這種在不同立場上搖擺不定的做法被發揮得淋漓盡致，因此極其危險。而且，沒有人可以仲裁這一切。這些投票者無視自家黨員的缺點，因為重點在於「我們」得以「獲勝」，而不在於「我們」包含了哪些人。某些議員會暫時掩蓋彼此之間的差異，因為「他們」能取得勝利、不再處於少數，而一旦他們變成了國會「多數」，內部鬥爭就開始了。

在媒體方面，他們所謂的「勝利」是以點擊數、訂閱數、標記數、按讚數、影響力，還有獨家新聞來評斷。假使出現脣槍舌戰、劍拔弩張與黨派互鬥，或是消息走漏（哪怕是那些被列為機密的資訊），這些媒體就贏了。因為多數媒體成員都「不可能選贏」，他們接下來「幹的好事」，就是試圖影響那些真正有機會當選的人。

我當選國會議員時，就已經預見自己會遭遇來自反對黨的鬥爭與分歧。至於媒體的打擊則有點出乎意料之外，這都是我的錯。在我前兩個任期裡，我沒有考慮到的大變數就是內鬥——共和黨內訌，以及保守派媒體大幅左右了國會議員的行為。

共和黨展開激烈內鬥，以及在班加西事件特別委員會的各種體驗更使我深信，國會這個新環境和我先前擔任州檢察官時有著天壤之別。在司法體系裡，人們不會為了達到目的而不擇手段。打贏官司不是唯一重要的事，公平也很重要。但國會並非如此。

當你發覺，你對目前所在的環境評估錯誤、這個環境已經發生轉變，抑或是你難以在這裡取得自己心目中的成功或成長，就是該離開這個地方的時候了。我不是要你避開艱難的任務、考驗或挑戰；這些考驗或挑戰通常都能帶來成長。但你很難有機會改變整個環境，尤其是當它規模很龐大時更是如此。當你誠實面對該環境的運作狀況，以及改變它的可能性時，你必須好好考慮，是否要離開這個地方，免得它讓你無法實現你所期望的那個人生最終畫面。

12

遺憾與回憶

有時候，我們做了某個正確的決定，結果卻不太理想。有時候，我們做了某個錯誤的決策，結果並沒有造成任何傷害。事後看來，某個決定可能像是個錯誤，但這也許是因為我們從錯誤的角度看待這一切。只要改變看待事情的角度，我們往往就能把心中的遺憾變成回憶。這些回憶可以帶領我們進入下一個人生階段。

倒數第二根稻草

二〇一四年底，眾議員米克．穆瓦尼打電話給我，叫我這陣子先不要接電話。「我可以問為什麼嗎？」我說道。他這樣回答：「可以，但我不會告訴你答案。有事情要發生了，可是你不必捲入其中。你不只是我們很多人的朋友，也和領導階層很友好，你不必蹚這場渾水。」這聽起來令人有種很不好的預感。

我聽從了他的建議，但事實上，沒有任何人打給我。幾天後，「自由黨團」就誕生了。米克．穆瓦尼，還有眾議員傑夫．鄧肯都是這個組織的創始成員。共和黨在眾議院的領導階層，和這群想讓黨團會議「重心更往右傾」的極端保守派之間似乎已經拉開戰線。

二〇一五年一月，我隱約感覺到自己的國會生涯正逐漸步入尾聲。此時，班加西事件特別委員會正方興未艾、總統大選即將到來，而共和黨團內部的分歧也越演越烈。

儘管如此，為了宣誓就任第一百一十四屆聯邦眾議員，我還是來到位於南卡州格林維爾的機場，搭機前往華府。當時，美國東岸正好暴風雪來襲，我的班機被迫取消。我不喜歡錯過宣誓，更重要的是，這一天也是我們票選眾議院議長的日子。很可惜經過萬般努力我沒能及時趕到。我發表了一則聲明，說若是那時我有趕到投票現場，我就會投給貝納。結果，這是我家鄉選民最厭惡的舉動。

直到二〇一五年四月，我這個選區的怒火才平息下來。二〇一五年七月，當凱文．麥卡錫打電話給我時，我正坐在「瑞本眾議院辦公大樓」的辦公桌前。這時，黨內出現某種吵鬧聲，說有人將會提出他們比較喜歡的解決方案——罷免現任議長，然後要我們針對約翰．貝納重新投票。我告訴凱文：「我不能再這麼做。」凱文說，他正試圖阻止這種事發生，但他也已經準備好重新投票。

掛上電話後，我開始在電腦裡撰寫聲明稿——我將不會繼續參選國會議員。一齣齣刻意製造的戲碼不斷上演。我想，這可能是我過去在尋找的某種決定性徵兆。我不確定，如果我在七個月內投給約翰．貝納兩次，是否還能贏得明年的黨內初選？我不會為了找出答案而繼續留在這裡。「跟大家說，你已經玩完了。你不必放棄，也不必辭職。你只要讓家鄉的選民們知道，他們無須用選票把你趕下台就好，你會自己離開。」

我已經計畫好只做到這一個任期結束。這個想法已經醞釀了一段時間，我不再對政治感興趣，而班加西事件調查依舊持續進行。我希望能為這場調查做出結論，然後就此退出政壇。但此刻，調查還沒結束。所以，在我仍試圖主持班加西事件特別委員會的同時，宣布自己未來將離開政壇是很愚蠢的一件事。在某些行業，宣布離職可能不會造成什麼嚴重的後果，然而在政治圈並非如此。一旦你宣布自己即將離開，你就會被邊緣化、變得無關緊要，接著很快就被人遺忘。這是一個非常現實的行業。一旦你離開，你就再也幫不上忙，正因為如此，你將變得不再重要。

為此，我把公關主任——亞曼達．杜瓦找來辦公室裡。她不僅是一位很優秀的公關主任，人也非常好，我很在意她有何看法——無論是從工作方面，還是從個人角度來看。在看完我寫好的那份聲明稿之後，她的回應是「請不要這麼做」。「不是像這樣，這種反應太過激烈。請耐心等待，然後再照你的意思去做。」我非常重視她的想法，但我不想再經歷一次議長選舉。而且，這些極端保守派攻擊其他黨內「同志」不遺餘力，令我感到越來越沮喪，甚至是憤怒。

幾個小時後，麥卡錫再次打電話給我。這次他告訴我，他已經設法阻止在我們返鄉前針對貝納重新舉行投票。我草擬的那份聲明稿就這樣躺在我辦公桌的抽屜裡。

那年秋天稍晚，有次我和提姆．史考特共進晚餐，我告訴他自己不會在二〇一六年競選連任。我已經離開南卡州近五年，如今已做好告辭回鄉的準備。我不擅長待在這種衝突不斷的環境裡，尤其是這些衝突發生在理應志同道合的人之間。不管是媒體的打擊，還是內部鬥爭都越演越烈。我不僅對擔任國會議員失去興趣，同時也逐漸來到不同的人生階段，希望能把其他事擺在第一順位。

提姆表示理解，但他要我替他做一件事——為此禱告。雖然我答應了他的請求，我不覺得我有這麼做。我可能曾經請泰芮幫我做這件事，但當時我心意已決。我很肯定，上帝應該會了解，為什麼一個人寧可在南卡州打高爾夫，也不想為了在華府舉行的議長選舉而煩惱。

對於提姆的請求，我確實能理解。華盛頓特區是個孤獨的地方，而政治往往會孤立一個人。在這裡擁有真正的朋友，是很少見的事。我和提姆都很幸運，我們彼此之間存在著某種難以言喻的緊密連結，即便到現在也還是如此。

他說：「我自己會在二〇一六年參選。我希望我可以當選聯邦參議員，並且做滿第一個任期。作為我的朋友，我想請你再多堅持一任。只要一任就好。讓我們一起參選、打選戰；讓我們再一次為南卡州，還有我們的國家服務。我保證，我以後不會再要求你這麼做。這裡是個孤單的地方，讓我們相互扶持。」

提姆．史考特為我和我的家人，還有南卡州做了非常多事。我原本不想在二〇一六年繼續競選，但有些決定必須將人與人之間的關係和承諾一併納入考量，所以，最後我還是參選了。我們都履行了對彼此的諾言。我們不僅參選、一起打選戰，甚至還在同一時間、同一地點與我們的普選對手辯論。此外，他也信守承諾，不再說服我留在國會。

終於離開

我很清楚第四個任期將會是我的最後一任，因為我「本來應該」只做到第三任。除了我的家人以外，只有提姆．史考特一個人知道我的最終計畫。我不能把這套計畫告訴其他人，因為就如同我先前提到的，一旦你的同事們知道，或察覺你即將離職，他們就會因此改變對你的看法。

在邁向第四個，同時也是最後一個任期時，我在眾院情報委員會申請了一個職位。眾院情報委員會沒有所謂的指導委員會，而是由議長一個人決定讓哪些人加入。當時的眾議院議長保羅．萊恩把我放進這個委員會裡，以此作為某種獎勵。主持班加西事件特別委員會是一項極其艱鉅的任務，所以我覺得，他想賦予我爭議性較低的任務。

結果，我才剛加入「爭議性較低」的眾院情報委員會不到一個月，眾議院就宣布，該委員會要調查俄羅斯是否介入二〇一六年的總統大選，以及是否有人與他們勾結。這個原本不具爭議性的委員會，很快就會變成政治鬥爭的新矛尖。這彷彿是命運在告訴我：「無論你參加哪些委員會、在這些委員會裡扮演什麼樣的角色都不重要。尖銳爭議、激烈爭執，以及政治內鬥都將如影隨形。」

在公開宣布我將於任期結束時離開國會、不再尋求連任之前，基於禮貌，我必須先告知保羅．萊恩這件事。我原本以為他會說：「等一下，我挑選你成為眾院情報委員會的成員，結果你才做了一任就要離開？我支持你成為監督暨政府改革委員會主席，結果主席任期還剩下五年，你就要走了？司法委員會主席的位置即將出現空缺，結果你卻要離開？你是說服我競選議長的人之一，結果你卻要走了？」

我很害怕他會有這種反應。結果，他完全沒有這樣說。「你怎麼知道，這是適當的時間點？」他問道。

我的答案和我回答其他人時一模一樣：「我不喜歡，也不擅長這一切。」保羅的回應是：「請不要告訴我，你不『擅長』。你還沒做滿四個任期，就已經主持了兩個委員會。你比我更快當上委員會主席，我等了很多年，才取得『預算委員會』的主席身分。當公共事務衛星有線電視網轉播眾議員演說或委員會工作時，你是少數會讓我停下來看的人。請不要告訴我，你不『擅長』。」

「好吧，保羅。我不喜歡，也不想擅長這一切。在國會裡，大家在不同立場上搖擺不定，為了達到目的而不擇手段。你的朋友背叛你，媒體也經常打擊你。我不想再對這一切得心應手。」

我怎麼知道，這是離開的適當時機？當一切都已經改變；當那些寶貴的價值不再被重視；當同事們的期待已經發生轉變（他們不是期待讓一切變得更好）；當名聲已經變成唯一重要的政治「美德」時，就是該離開的時候了。

我離開保羅．萊恩的辦公室時，我知道（或至少感覺到），不會只有我一個人在任期結束時告別眾議院。保羅．萊恩也將離開，但他會自己選擇恰當的時間點、用他自己的方式宣布這件事。最後，他確實揮別了眾議院。

承認你的選擇與遺憾

我們都聽過別人若有所思地說，他們的人生「沒有遺憾」。這些人不覺得在人生中，有任何事他們想要重做、把它們做得更好，或用不同的方式進行，這令我感到很驚訝。倘若你認為，在你過去的人生決策裡，沒有任何讓你想重新考慮的決定，這是一種傲慢。

對我而言，遺憾是人類普遍擁有的一種情緒。一個人在自我反省時，自然會產生遺憾。在我看來，沒有遺憾意味著缺乏自我反省。我對我曾經說過的話、做過的事感到後悔。我對我沒說出口的話、沒去做的事感到遺憾。我曾經為了不適當的理由做出某些決定（儘管那些決定本身是正確的），因此感到後悔。另外，還有某些事，我真的很想重新再做一次。

其中一個遺憾是，沒有在讀高中和大學時表現得更好。我之所以後悔，有兩個原因。首先，這會令我的父親感到驕傲。其次則是因為，後來我花了很多時間拚命追趕。高中時我應該要閱讀《麥田捕手》這本經典小說，我卻沒有。人生曾經有一個階段可以全職學習，那就是讀高中和大學的時候，直到現在，我都還在試圖補讀過去我本來有時間閱讀的那些書。

問題不在於我們是否會感到遺憾，而在於我們讓這些遺憾變成什麼。遺憾可以是我們的老師。它能幫助一個人成為更好的朋友、配偶或父母親。有時候，它甚至可以幻化為所謂的「記憶」——記住我們過去的模樣，同時使我們明白，現在和未來的我們會變得更好。

不要讓遺憾擊垮你，並且使你的內心充滿羞愧、內疚，或自怨自艾的情緒。唯有過去是我們永遠無法改變的事。讓遺憾教導你、提醒你、啟發你，但絕對不要讓它囚禁你。

如何將心中的遺憾變成回憶：

- 誠實地面對已經發生的事，不要美化、逃避或否認它。
- 思考這次經驗使你懂得了什麼和你自己，或其他人有關的事。
- 把「要是……就好了」這樣的詞彙從你的字典裡刪除。這種字眼會讓你陷入無止境的思考，卻於事無補。請用「下一次……」或「現在我明白……」來取代它。

我們無法追尋生命裡的每一個機會。我們必須放棄很多機會，而它們將永遠停留在過去，對此我們不該浪費時間緬懷。關注我們真實旅程中的體悟，才是我們該做的事。

當我們在思考過去做出的各種決定時，要將生命中千絲萬縷的因素分開，幾乎是不可能的事。某個錯誤的職業選擇，結果可能使你擁有非常棒的人際關係。某個錯誤的教育選擇，結果可能變成了精神上的祝福。想公正地評斷我們做過的決定，我們必須將人生的所有面向都一併納入考量。

決定離開巡迴法務官辦公室，是一個正確的選擇。設法以某種體面的方式離開，或許也是一個正確的選擇。至於競選國會議員，我無法告訴你，那是否是正確的決定，但我確實因此結交了不少一輩子的朋友。

我不能想像，若是少了我在二〇一一至二〇一九年這段期間認識的某些人，自己的人生會變成什麼模樣。然而，國會議員這個角色使我再也不想從事公職。它讓我對政府，還有各種政治言論變得充滿懷疑。知道你的對手是誰、遊戲規則有哪些，以及有裁判會維持公平是一回事；和你同一陣營的人給予你最沉重的打擊、為了取得勝利不擇手段，以及裁判立場偏頗又是另外一回事。希望在未來的某一天，美國政壇的這些部分會有所改變，但在我有生之年，恐怕看不到這樣的轉變。即便真的在我有生之年發生，我的政治生涯也已經結束。

有時候，我們做了某個「錯誤」的決定，結果一切都還可以接受。有時候，我們做了某個「正確」的決定，結果卻不如預期。把這些狀況說成是遺憾太過簡化——它們只是好壞參半而已。在擔任國會議員期間，我交到了一輩子的朋友、變得熱愛自己的國家，同時我也看到某些人雖然表現得像朋友一樣，卻對你迎頭痛擊。到最後，我已經完全不想在美國政府擔任公職。

我不知道該怎麼形容這一切。所以，讓我們把它稱作「國會效應」，然後就此打住。

13

選擇性自私

根據外部力量來做決定（這些人可能不在乎什麼事對你最有利），不僅會使你迷失方向，還將令你感到孤單。真正重要的是，了解你、愛你的人所提供的建議。為了尋求外界的認可，無論這些人是你的社群媒體追蹤者、任職的公司，還是那些點頭之交，你會耗費大量的時間與心力，並且犧牲自己（包含身心健康在內）。在這種狀況下，你很少能做出好決定。你終究還是得相信自己。

「自私」的重要性

二〇一一年一月，我和提姆．史考特還不熟。那時，同屬新進議員的我們坐在華盛頓特區的一家餐廳裡。即便在當時，我都能看出他心事重重。他非常謹慎、不輕易相信別人，儘管如此，我還是覺得自己至少該試著幫助他。那時，剛成為國會議員的我們正準備做出各種決定——加入委員會、尋求領導職位、聘請工作人員。我們同時但不見得會一起做這些事。而且，他要決定的事比遠比我來得多。

當時，眾議院只有兩位黑人議員，提姆．史考特就是其中之一。同時，在大批新進議員中，他也是最顯眼的一位。他不僅很受歡迎，領導階層也對他有各種遠大的規劃。重點在於，大家對提姆懷抱著很高的期待，他因此感受到龐大的外在壓力。那天在吃晚餐時，他已經感到不堪負荷，於是，我決定主動提供建議，協助他篩選各式各樣的選擇。

「我可以問你一個問題嗎？過去這一年，你在查爾斯頓炎熱的天氣裡挨家挨戶拜訪時，那些叫你做東做西的人，有多少人真的支持你？」他聽完之後，笑著說：「他們沒有任何人支持我。」

「那些要你對各種議題表示支持的人，有多少人了解要和具有名氣、競選經費充裕的對手競爭是什麼樣的感覺？」

他回答：「我想，他們沒有任何人了解。」

「提姆，不要讓別人消費你。那是你過去辛苦累積的資本，只有你才有資格使用它。如果你想上電視，那就去做；如果你不想，就別這麼做。如果你想參加某個委員會，那就去做；如果你不想，也別這麼做。我不在乎你怎麼做，你只要確定，運用這些資本的人是你自己，而不是其他人就好。」

他想要當一名國會議員。對，就只是這樣。好不容易當選議員的他，不想做其他「分外之事」，然而很多人想利用他的形象與影響力，以圖一己之利。在政治上，大家會盡量利用你，只要你容許他們這麼做。雖然生活中的很多層面都是如此，但可能都沒有像政治領域那麼明顯。

提姆需要的是，有人認可他的適度自私。當今社會總是告誡我們，不要做一個自私的人。然而，在涉及你的形象，以及你個人的支持與認可時，你必須自私。你該做的事，應該是能帶領你朝向自己所想像的人生最終總結邁進。請根據你自己，還有那些和你最親近的人的最佳利益來做決定。盡可能不要尋求外界的認可。

我之所以提及二〇一一年一月的這次晚餐，是因為我將它視為一段重要關係的開端。一旦某個人相信你會給予他寶貴的建言，你所提供的建議就必須符合他本人（而不是你或其他人）的最佳利益。你可以因此獲得值得你信賴的知己，這些知己將協助你進行決策。我記得很清楚，二〇一一年一月的這次晚餐，是我唯一一次提供提姆．史考特具有價值的建議。但在我的人生中，他卻是我最信任的建言者之一。

當你知道，提供你建議的那個人在乎什麼事對你最有利時，是很美好的一件事。若你找到這樣的人，請和他保持親近。有時候，其他人給予的建議對你們雙方都有好處。有時候，他們則會藉由提供建議的方式利用你，實際上只是為了圖利自己。倘若在你尋求建議時，有人真心替你著想、希望你變得比以前更好，是很幸運的事。

外在壓力不只會來自陌生人與你深愛的人，也會來自那些想從你身上獲取某樣東西，還有想看到你失敗的人。但是前述這些人都不像你那麼了解自己，這也是你在面臨抉擇時，必須提醒自己的一點。他們不會看見事情的全貌，包含伴隨這個決定而來的各種夢想、渴望、感受、恐懼、風險、結果，以及責任重擔；你才是最清楚這一切的人。沒有人比你對自己的人生更瞭若指掌。你可以徵詢其他人的意見，但在做出決策之後，你才是那個承受所有代價、好處與後果的人。所以，請為你自己做決定。

最了解你人生的人

二〇一一年國會進入了八月休會期。剛返回家鄉的我，坐在位於斯帕坦堡的居家辦公室裡。我剛從高中畢業的兒子華森跑了進來，看起來一臉煩惱。「我覺得加州帕羅奧圖太遠了。」他脫口而出。帕羅奧圖是史丹福大學所在地，我們預計大學開學前會載他到那裡去。這年春天我們才一起參觀這所大學的校園，這所大學「曾經」是他夢想中的學校。

我坐在辦公室裡，思考著他人生的頭十七年所犧牲的一切。我想起他犧牲了參加社交活動的機會，這樣他就能多讀點書。我想到我們全家一起出遊時，他把所有的考試用書都裝進背包內。在我起身問我的兒子「你確定嗎」之前，他的主要盟友就已經跑進我的辦公室，並加入我們的對話。對於剛才發生的事，他的母親做了一個很簡單的分析：「你可能會抱持不同的看法，但他有說不的權利。」

我非常了解這種出乎意料的狀況，因為泰芮本身也經歷過這樣的事。接下來，我的女兒艾比蓋兒也面臨同樣的情況。泰芮從小跟著她的父母親在劇院裡長大，她能歌善舞、唱作俱佳，是天生的表演者，擁有職業表演者所需要的一切——除了熱情以外。於是，幽默感十足的上帝給了她一個能在演技上和她匹配的女兒。

從小時候開始，艾比蓋兒就經常參加學校話劇與社區劇院的演出。在眾人面前表演不僅不會令她感到不安，她還很享受現場表演的壓力。在學校和社區劇院裡，艾比蓋兒可以做任何她想做的事，而她也確實這麼做。最後，她決定離開、不再參與演出。身為父母親，你會忍不住思考，你是否該督促孩子善用自己的天賦。你很納悶，為什麼有人會浪費他與生俱來的能力，然後你這才猛然想起，別人認為你很擅長的事，和你所喜歡的事截然不同。

我不知道，過去我是否該再次試著說服華森去讀史丹福大學。他後來選擇在克萊姆森大學主修哲學，度過了美好的大學生活。接著，他從法學院畢業，似乎沒有為此感到後悔。畢竟，這是他的人生。我也不曉得，過去我和泰芮是否該「強迫」艾比蓋兒參加更多劇院演出、更常唱歌，或善用她的演技。我所知道的是，她已經從大學和法學院畢業，然後即將以庭審律師的身分開啟職業生涯，這可說是在不同的舞台上表演。

儘管我們可以逼迫、說服所愛的人走不同的路，到頭來，他們還是必須為自己的選擇負責。我的孩子沒有一味地順從父母親的願望（這意味著違背他們自己的心意，即便我們很在乎什麼事對他們最有利），這讓我感到很自豪。對他們來說——而不是對我們來說——這些決定都是正確的選擇。

我們每個人都必須了解一件事：有時候，別人（甚至是「所有人」）會不贊同我們的某個決定。對於這類決策，我抱持一項準則：「你可能是對的，而我也可能會後悔，但我有犯錯的權利。」我的兒子有權利讀他自己想讀，而不是他父親替他挑選的學校。我的女兒有權利終止她的演出生涯。畢竟，要走上舞台的人是她，而不是我。我也有權利離開我的工作。這是你的人生。儘管你必須努力做出最好的決定，同時向在乎你最佳利益的人尋求建議，有時你還是可以說：「我有犯錯的權利。」

放下他人對你的期待

在唐納・川普贏得二〇一六年總統大選後不久，我接到提姆・史考特打來的電話。那時，他的情緒非常激動，一度說不出話來。「我們的機會來了，我們終於可以這麼做了。你可以到聯邦第四巡迴上訴法院工作了。」我不禁回想起我父親講述的那個關於法官唐納・羅素的故事。他成功進入第四巡迴上訴法院任職。對一位法律從業人員來說，這是他職業生涯的巔峰，這同時也是過去經常出現在我腦海裡的金字塔頂端。

當然，想獲得參議院批准並不容易。要把某個民主黨人或共和黨人從政壇挪動到司法部門，是很困難的一件事。但在我的家鄉有非常多支持我的民主黨人，此刻，天時、地利、人和萬事俱備——現在的總統是共和黨人、參議院由共和黨所掌控、有兩位來自南卡州的參議員支持我，還有兩個第四巡迴上訴法院的職缺。在成長的過程中，我一直認為唐納・羅素登上了他職業生涯的頂峰，如今我也有機會和他在同一間法院裡工作。

唯一欠缺的是……我個人的意願。對我來說，這曾經是遙不可及的夢想，同時也是一種備受肯定的人生。再者，說到體面地離開國會，有什麼方式比去擔任聯邦法官更「體面」？但如今，它已經打動不了我。

不只是我婚禮牧師對我的人生期許已經改變，我對自己的期盼也發生了轉變。在提姆打電話給我之後，我發覺，我終於爬上了那座最難爬的山——放下他人對我的種種期待。我曾經夢想成為一名聯邦法官。現在，我把這個夢想留在過去，而且早就該這麼做。

這將會是很好的金字塔頂端。雖然這條路和唐納・羅素不盡相同，但還是挺棒的。這不僅對當年沒有出現在高中年刊「傑出學長」頁面的我是種補償，它甚至比那位牧師預測的更好。然而，我已經不再以金字塔模式來衡量我的人生。

我站在我們家的廚房裡，聆聽最信任的建言者——泰芮說話。法官工作確實能提供退休保障，這份工作非常安穩，因為不需要自己找客戶或發薪水。但我已經來到這樣的人生階段，那就是對我而言，工作夥伴遠比職務內容更重要；重點是人，而不是職位。我想要在熟悉的人身邊工作，哪怕這代表的是在地方大學教課，而不是成為一名法官。我寧可待在斯帕坦堡，也不要每個月都跑到第四巡迴上訴法院的總部所在地——維吉尼亞州里奇蒙市聆訊。我已經擁有我想要的人生，我的妻子、父母親和孩子都能以此為榮。此外，我將會和雪莉雅．克拉克與瑪麗—蘭斯頓一同在大學講課、和我的朋友們一起打高爾夫球，還有和泰芮一起待在家裡。對我來說，這一切已經足夠。我已經達到財務安全的狀態，同時也擁有無比珍貴的平靜。在我的人生中，要以什麼方式維持家裡的經濟已經不再是最重要的事。如今，我最重視的是那些每天在身邊陪伴著我的人。

在想像自己這一生的最終畫面時（有誰出現在這個畫面裡，還有你達成了什麼目標），你得確信，你就是編排這幅畫面的人。你必須確定，它達成的是你的期待，而不是其他人的期許。你的人生由你撰寫，所以請確認你所做出的各種決定確實反映出這一點。

為了確認我對這個聯邦法官的職位真的不感興趣，川普總統的白宮法律顧問唐·麥甘接連打了兩通電話給我。最後，他又打了一次給我。我可以帶你重回現場——那時我站在窗邊，這樣才不會漏接白宮顧問打來的電話。

唐在電話中說：「我們會找其他人來填補這些空缺，但我必須非常確定，你真的不想從事這份工作。」

「謝謝你，唐，」我回答道，「請讓總統先生知道，我對此滿懷感激。但這已經不是我想要的了。」

14

句點的另一邊

在人生中，你會錯失某些事物。你會犯錯、做出某些錯誤的決定。你會經歷痛苦與失去。有些人可能會把你視為失敗者，或者更糟的是，有時你會因為達不到自己訂下的標準，覺得自己很失敗。你怎麼回應各種決定所帶來的後果，將決定你如何朝你的人生最終總結邁進。請繼續勇敢嘗試與冒險，並且確定你能駕馭內心的恐懼，而不是讓恐懼控制你。

最終章

我們就這樣來到了本書的最後一章；我們會在本章中談論和人生最終章有關的事。

我之所以想寫這本書，其實是因為我做了一個錯誤的決定……和泰芮一起去購物，結果落得開始誠實評價自己這一生中所做過的各種決策，包含它們背後的動機、帶來的好處與後果，以及因此付出的代價。基本上，在寫這本書的過程裡，我一直在做那件我希望你做的事——撰寫你這一生的最終總結。

那是二〇二一年初一個普通的春天早晨，我們夫妻倆一起出門。在我剛結完帳、推著手推車朝門口走去時，一個比我年長的女人向我走來。她對我說：「即使你戴著口罩，我還是知道你是誰。你是這裡的地方檢察官。」

「是的，我曾經是地方檢察官，但現在已經不是了。」

「你什麼時候離開的？」

我不想令她感到尷尬，所以只說：「噢，我離開一陣子了。」事實上，我已經離開這個職位超過十年了。

「你做得很好。我們都覺得你很公正。」

我向她道謝、道別，然後從門口走進停車場。但她還沒把話說完，她跟在我身後繼續問道：「那在離開法庭之後，你做了些什麼事？」

這個問題很難回答。政治很容易引起爭議，因此我只說：「我曾經在其他政府部門工作了一小段時間，但現在能待在家鄉讓我很開心。我在本地的一所大學教課，同時也從事一點律師工作。」

「你不想當法官嗎？」她問道。她觀察入微，幾乎所有的法律從業人員都想成為法官，不是嗎？尤其是我，大半輩子都對聯邦法官的職位深感著迷。

「我想我確實這樣想過。但現在，我只在學校講課，還有做幾件小事。」

我們繼續在停車場內聊天。最後，她說：「嗯，我很肯定，你會找到其他值得追求的事。是這樣沒錯吧？」

「不，我已經不想再這麼做了。我會和你一起待在斯帕坦堡。」

我回到車上時，我的妻子問道：「你剛才在跟誰說話？」

「我不知道她是誰，親愛的。我以前從未見過她，我也不記得她的名字。」

「她想做什麼？」

「沒什麼，就只是聊天而已。她以為我還是檢察官，但她也說，她覺得我很公正，這讓我心情很愉快。」

置身在雜貨店停車場的我意識到，我所做出的人生決策已經不再源自於企圖心。如今，它們源自於某件更有意義的事。此刻，在我最愛的這個城鎮，我和最愛的人一起坐在車上。就在剛才，一個和我素昧平生、看似和我沒什麼共同點的女人對我說，我很公正。也許到頭來，我做過和沒有做過的那些決定都不算太糟。

在不同的人生階段，都有不同的標點符號。高中畢業標誌著青春期的結束（驚嘆號），大學畢業標誌著邁入成年（問號）。對我們某些人來說，我們會有一段養兒育女的時期，這段時期和我們的職業生涯相互重疊（驚嘆號加問號）。

我們會經歷父母親的去世，於是開始更常想起自己生命有限（刪節號）。孩子離家、孫子出生（分號）。這些標點符號都反映出我們的生命軌跡。根據你自身的經驗，這些人生階段可能會囊括逗號、分號、驚嘆號、問號，甚至還有破折號，但不包含句點在內。

我們的人生只會有一個句點。我們將無法看到，在這個句點的另一邊，其他人會說出或寫下什麼樣的話。然而，那將會是我們留下來的遺產。因此，盡可能塑造它才是明智之舉。我們必須為我們的人生加上標點符號，如此一來，當我們的人生畫下句點時，它就會是一個完整的句子，而且它的前面還有強而有力的段落。

曾經有很長一段時間，我都活在恐懼裡。後來，我迫使內心的恐懼轉變成某種比較健康的東西，也就是所謂的「謹慎」。然後，我看著這樣的謹慎改善我的各種決策與人生（我曾經讓恐懼主導我的決策與人生）。我曾經把頭銜與工作、夢想與現實、成功與意義混為一談。最後，我終於弄清楚它們之間的區別，身上也多了許多看不見的傷痕。

我曾經承接某些我應該放棄的職務，也曾經離開某些我應該繼續留下來的工作，結果最後卻發現，一切都還可以接受。我曾經因為錯誤的理由做出正確的決定，也曾經因為正確的原因做出錯誤的選擇，而且往往很難將這兩者區分開來。我在得意中有失、在失意中有所得，因此學到了最寶貴的一課：在我的人生中，只有我能替自己定義這些事。

這一切都讓我深入思考問題的核心：大家會怎麼記得你，以及你希望在這當中扮演什麼樣的角色？

當你藉由自己所做出的各種決策來展現這一生的最終總結時，請不要把「想留下某種精神遺產」與「在意他人對你的想法」混淆。擔心別人對你還有你的決定有何看法，只會使你無所適從。所謂的「遺產」，不只是為了讓其他人看見你過去做了些什麼，然後讚美或批評你；它是一種人生意義與使命，能讓你周遭的世界變得更好。大家的回饋可以鼓勵你、鞭策你、確保你走在正確的道路上，或協助你調整方向。但最重要的是，如果你了解自己，並且對你做出的決定抱持深刻的使命感，你的人生最終總結就會變得非常清晰。

想給年輕時的自己什麼建議

你是否曾經在名人專訪中聽到採訪者這樣問：「假如你可以回到過去、

跟年輕時的自己交談，你會說些什麼？」我對這種問題的第一個反應是：「我會建議年輕時的自己不要接受這種訪問，這樣我就不必回答這些愚蠢的問題！」

但在某種程度上，當我們身處重要人生階段，很適合問自己這個問題。它幫助我們釐清所謂的「失敗」，以及遺憾與回憶之間的差別。我們可以藉此衡量，我們所犯下的錯誤是否定義我們、驅策我們，抑或是對我們產生阻礙。它提醒我們，在進行決策時，如何思考這些決定帶來的後果也很重要。

儘管這種想法太過簡化，我還是認為，這個世界有一半的人行為動機源自於對成功的渴望，另一半則源自於對失敗的恐懼。了解自己屬於哪一個族群，不僅使你獲得解放，同時也能帶給你很多啟發。我發現，我是後者——以對失敗的恐懼作為動機。從我懂事以來，恐懼就在我的決策過程裡扮演很重要的角色。或許你內心的恐懼也如影隨形。你可以讓它成為你的旅伴、在你的耳邊竊竊私語，但是不要讓它掌控你人生的方向盤，或大聲嚷嚷。倘若你這輩子都受到這種恐懼的驅使，我所告訴你的任何事都無法改變這一點。然而，我會鼓勵你去做我做過的事，那就是與恐懼和平共處。你可以讓它檢視、編輯，但不要讓它直接撰寫你的人生最終章。

就如同你已經知道的那樣，我差點退出我的第一次公職選舉，只因為不想在自己的家鄉一敗塗地。簡而言之，我不在乎這世界認定我曾經獲勝，我只是不希望別人覺得我是個失敗者。

還有一個類似的例子。當時，我即將從國中畢業、進入高中就讀。我的母親跑進我的房間，然後坐在床邊說：「我對你的要求沒有很過分，對吧？」

「對。」我其實是在說謊。

「嗯，我現在要要求你，為了我做一件事。我希望你競選今年斯帕坦堡高中的學生會幹部。」

在一九八〇年代，斯帕坦堡高中是一所很大的學校。光是我這個年級就有數百個學生。我既不擅長體育，學業成績也不出色，更不覺得自己屬於「受人歡迎」的那個群體。因此，我不可能被選進學生會。

內心暗地明白自己沒辦法做到某件事是一回事，因為你還可以假裝自己有可能做到，只是對此不感興趣而已。裝作漠不關心是一種有力的偽裝。當你曉得，你不僅不會成功，大家還會在宣布選舉結果時公開確認這一點，又完全是另一回事。我所知道的是，我永遠都不會競選學生會幹部。

這不只是害怕失敗。在這之前，我當然曾經失敗過，但那些都只是自己默默失敗而已。我母親要我做的事，則可能會使我在眾人面前出醜。因此，為了避免失敗，我決定不競選學生會幹部、不冒任何風險——除了令我的母親感到失望以外。

我用各種理由跟她解釋為什麼我不能參選。但她很堅持，自願幫我發想琅琅上口的競選口號，還製作競選文宣。從她的語調和眼神，我可以感覺到她真的很想要我這樣做。我不明白，為何這件事對她這麼重要，但事實就是如此。

直到現在，我母親臉上的表情都還烙印在我的腦海裡。時至今日，我都還能感受到那種難過。因為害怕失敗，即便這個對我最重要的人希望我這樣做，我也不願意去做。放棄在斯帕坦堡高中競選學生會幹部，已經是四十多年前的事了，當年那個孩子寧可令他的母親失望，也不肯在某些青少年面前出醜。

害怕在校園選舉結束之後，沒有在晨間廣播中聽見自己名字的我，後來如何能兩度在公職初選時挑戰現任者？和參加全郡選舉或競選聯邦公職相比，在某所高中舉行的小規模選舉根本微不足道。然而，我選擇參與前者、逃避後者。

當你改變你對成功與失敗的定義，並且將它們和你的自我認同區分開來時，你的行為也會跟著改變。我還是害怕在眾人面前出醜。我只是重新定義失敗，以及誰才能斷定我是否失敗。我把「輸贏」與失敗，還有部分失敗與全面失敗區分開來。如果我們想做出好決定，我們怎麼定義成功與失敗都非常重要。

對於那個年輕時為了避免失敗，不肯競選學生會幹部的自己，我的建議是：重新定義成功，同時不要用別人的看法來判定失敗。此時，基於恐懼做出決定才算是失敗。成功是勇敢嘗試、冒險與競爭，即便最後成績不盡理想。在創業時誤判市場並不可恥。從某所大學轉學到另一所大學就讀，然後畢業，也不是件丟臉的事。我們必須設法改變我們的自我認同——以曾經冒險嘗試的事，而不是我們的成就來看待自己，更別說這些成就還是由旁人所定義。

成功必須由你自己定義。同樣的道理，只有你能定義何謂「失敗」。如今，對我而言，失敗是沒有目標、得過且過、從不勇敢嘗試與冒險。失敗是不曾留下任何印記，或者更糟的是，給他人留下痛苦。失敗是沒有自己的信念與原則。

德國牧師與神學家潘霍華（Dietrich Bonhoeffer）在離開人世時未滿四十歲。由於批判納粹對猶太人的種族滅絕迫害，參與反抗運動，他因此被捕入獄，最後在二次大戰結束前夕，因叛國罪遭絞刑處死。假使你正在尋找指引人生的座右銘，某種能賦予你生命意義的信念，那也許會是潘霍華臨刑前說過的這句話：「這就是終局——對我而言，卻是生命的開始。」在盟軍逐步進逼、即將解放歐洲的那一刻，死於某個納粹集中營絞刑台的他迎來了人生的終途。在這樣的解放來臨前，潘霍華「輸」了。但其實他並沒有輸，直到今天，他的無比勇氣與諄諄教誨依舊深深鼓舞著我們。

美國黑人民權運動領袖馬丁．路德．金恩博士曾經發起非暴力抗爭運動，爭取種族平等權利，並因此多次被捕。他遭到暗殺時也還不到三十歲。他還沒來得及看見自己的奉獻與努力開花結果，就在某家旅館的陽台遇刺身亡。他也成了歷史上最受尊敬的人物。

這兩個人的生命都在四十歲前畫下句點；他們都改變了歷史的軌跡。按理說，他們都獲得了成功。英年早逝的他們都死於暴力，但他們都名留青史、永垂不朽。

所謂的「輸」不見得是失敗。離開、受苦，犧牲小我、完成大我都不是失敗；輸掉選舉、被捕入獄、被送上絞刑台也都不是失敗。不把握機會創造改變，優柔寡斷、裹足不前才是真正的失敗。

美國小說家普雷斯菲爾德（Steven Pressfield）寫了一本名為《戰爭美德》（The Virtues of War）的小說，其故事講述亞歷山大大帝遇到一個人，這個人覺得沒有必要以「大帝」來稱呼他。

當時，亞歷山大大帝和他的軍隊正試圖穿越一座狹窄的人行橋。有位智者朝他迎面走來，這座橋無法讓兩個人同時通過，其中一方必須禮讓另一方，並退回橋頭。有一名亞歷山大大帝的士兵說：「讓開！你不知道是誰要過橋嗎？他是這個世界上最有權力的男人，因為他征服了全世界。」聽到這段話，那位智者回答：「那我應該才是這個世界上最有權力的男人，因為我克服了征服世界的慾望。」請好好思考一下「我克服了征服世界的慾望」這句話。他重新定義成功，以及何謂「富有意義的人生」。他用這一句簡單的回答，就重新定義了「權力」與「意義」。

請恕我直言，本書的讀者（當然也包含本書作者在內）都不可能像潘霍華牧師、金恩博士，亞歷山大大帝那樣名留千古。我們都不會征服世界。對此，我的建議是：調整（駕馭）我們對成功的定義。要做到這一點，我們也必須調整（駕馭）我們對失敗的定義。

我們所有人都曾經「失敗」過，而且未來還會再度「失敗」。因為我們會在某場卡牌比賽、某項比分上輸給別人，或者在某項商業交易中吃虧。我們會自己選擇，或被迫離開。我們會展開某樣新事物，但無法達成所有的目標。我們會留在某個地方太久，並因此付出代價。但倘若我們忠於自我，以及我們自身的價值觀，這一切都不算失敗，因為我們曾經勇敢嘗試、冒險與競爭。

當那一刻來臨時

但願距離你的人生畫下句點，還有非常長的一段時間。從現在到那個時候，我希望你不僅做出很多決定，也可以在每次進行決策時變得更有自信。要實現你所期望的那個人生最終畫面有很多條路可以走。你會以什麼樣的狀態抵達那裡，取決於你所做出的各種選擇——決定開始、留下或離開，但你終究會抵達人生的終點。

就我而言，我希望大家能記得，我試圖做一個公正的人，同時也很努力地為犯罪受害者和他們的親友發聲。在我人生的最後一幕，我看到我的好朋友們正在談論某件我告訴他們的趣事。我也看見，我的家人和最好的朋友聚集在一起，我還聽到某個人（就像我在停車場遇到的那個女人一樣）說：「他很公正。」既風趣又公正。我只要看見、聽見這一切，我就可以相信，我在人生中做了正確的決定。

在你人生的最後一幕，你看見、聽見了些什麼？你能否將這一幕設定成你的最終目的地，並且藉由事先規劃來讓它實現？

我不能替你回答這些問題，也無法為你的人生建立適當的期許。你必須非常了解自己，知道該如何回應出現在你生命裡的那些機會——接受、拒絕、暫緩，或將它們納入考慮。

我不曾在人行橋上遇見亞歷山大大帝，但我「確實」遇過年輕時的自己。年長的特雷說：「假使你懷抱著目標與計畫，同時先在你的腦海中描繪出你這一生的最終畫面，一切都會沒事的。」然後，年輕時的特雷問道：「為什麼你花了這麼久的時間才明白這一點？」

離開你所在之處

要做出離開的決定，通常都是極其困難的事。有時候，這些決定和我們的身心健康息息相關。有時候，我們離開是因為那個環境無法使我們獲得我們想要的成長。有時候，我們離開是因為我們終於鼓足勇氣、允許自己自私，不再讓別人利用我們辛苦累積的資本。儘管別人可能會把離開視作認輸或放棄，這往往代表著強烈的自我價值感與深刻的自我覺察。畢竟，你才是開闢你人生道路的那個人，你的人生藍圖並非由其他人決定。離開能令你如釋重負，也有其必要，它可以促使你迎向更好的機會。

當你在衡量是否要離開時，請思考以下三個問題：

1. 你目前的狀況能否促使你進步與成長？
2. 你過去的選擇與遺憾對這個決定有什麼樣的影響？
3. 你是否知道下一步該怎麼走，或者離開顯然會開啟其他機會、帶領你朝你的人生最終總結邁進？

致謝辭

泰芮、華森和艾比蓋兒，謝謝你們為我的人生帶來樂趣。

爸和媽，謝謝你們重視教育與辛勤工作，並且提供我們比你們兩人當年更好的成長環境。

蘿拉、卡洛琳和伊莉莎白，你們是我心目中最好的姊妹，謝謝你們。

我要感謝聯邦檢察官辦公室、第七巡迴法務官辦公室，還有南卡州國會議員第四選區辦公室的所有工作人員，謝謝你們為南卡州，還有我們的國家服務。

你會看到我最喜歡的某些國會同事分散在本書各頁，但我還是要特別感謝提姆．史考特、強尼（約翰）．雷克里夫，以及凱文．麥卡錫。有人問我是否想念國會，你們就是我想念的理由。

謝謝那些信任我的家庭，讓我起訴涉及他們至親的案件。我因此在痛苦與失落中，和他們建立起某種超越時間與任期的緊密連結。

感謝執法機關的大家給了我一直想要的東西——一份我在臨終時能引以為傲的工作。

謝謝我的朋友們（我在書裡有提及他們當中的某些人），其中有很多人都是認識幾十年的朋友，他們使我的生活更具深度、廣度與質感。

我要感謝辛蒂・克里克、米西・豪斯、瑪麗—蘭斯頓・威利斯・唐恩，還有雪莉雅・克拉克。這麼多年來，你們一直陪伴著我。

謝謝埃絲特・費多爾科奇不停地要我寫這本書。同時，我也要感謝朵莉・柴契爾，她讓這段過程變得非常有趣。

最後，謝謝瑪麗・雷尼克斯和整個出版團隊給我這個機會，讓我可以寫下自己真正想寫，而不是別人可能會期望我寫的內容。

國家圖書館出版品預行編目 (CIP) 資料

決策的藝術：做出好決定的三個關鍵思考，讓你活出不後悔的人生 / 特雷．高迪著；実瑠茜譯．-- 初版．-- 臺北市：遠流出版事業股份有限公司，2024.02
面；　公分
譯自：Start, stay, or leave : the art of decision making
ISBN 978-626-361-449-9(平裝)

1.CST: 思考 2.CST: 思維方法 3.CST: 決策管理

176.4　　　　112022411

決策的藝術

做出好決定的三個關鍵思考，讓你活出不後悔的人生

作者——特雷·高迪（Trey Gowdy）
譯者——実瑠茜
總編輯——盧春旭
執行編輯——黃婉華
行銷企劃——鍾湘晴
美術設計——王瓊瑤

發行人——王榮文
出版發行——遠流出版事業股份有限公司
地址——104005 台北市中山北路一段 11 號 13 樓
客服電話——(02)2571-0297
傳真——(02)2571-0197
郵撥——0189456-1
著作權顧問——蕭雄淋律師
ISBN——978-626-361-449-9

2024 年 2 月 1 日 初版一刷
定價——新台幣 450 元
（缺頁或破損的書，請寄回更換）

YL 遠流博識網
http://www.ylib.com
E-mail: ylib@ylib.com